بسم الله الرحمن الرحيم

FORGOTTEN MOMENTS *from the* ISRĀʾ AND MIʿRĀJ

FORGOTTEN MOMENTS FROM THE ISRĀʾ AND MIʿRĀJ

COPYRIGHT © 2025 BY IMAM GHAZALI PUBLISHING (USA)

All rights reserved. Aside from fair use, meaning a few pages or less for non-profit educational purposes, review, or scholarly citation, no part of this publication may be reproduced, stored in a retrieval system, or transmitted in any form or by any means, electronic, mechanical, photocopying, recording, or otherwise, without the prior permission of the Copyright owner. For permission requests, please write to the publisher at the address below.

IMAM GHAZALI PUBLISHING
New York, USA
info@imamghazali.co
www.imamghazali.co

BULK ORDERING INFORMATION: SPECIAL DISCOUNTS ARE AVAILABLE ON QUANTITY PURCHASES. FOR DETAILS, PLEASE CONTACT THE DISTRIBUTORS:

SATTAUR PUBLISHING
info@sattaurpublishing.com
www.sattaurpublishing.com

PRINTED IN THE USA, UK, MALAYSIA, AND INDIA

The views, information, or opinions expressed are solely those of the author(s) and do not necessarily represent those of the publisher.

ISBN: 9781966329664

9798295460159 (INTERNATIONAL)

FIRST EDITION

10 9 8 7 6 5 4 3 2 1

FORGOTTEN MOMENTS *from the* ISRĀʾ AND MIʿRĀJ

Adapted from the Lessons of
Shaykh Muḥammad Mutawallī al-Shaʿrāwī

Translated by
Talut ibn Sulaiman Dawood

CONTENTS

ABOUT THE IMAM	IX
EVENTS IN THE HISTORY OF ISLAM	2
RELIANCE ON ALLAH AND THE USE OF MEANS	12
THE QUR'ANIC DISCOURSE ON THE NIGHT JOURNEY	18
THE PRINCIPLE OF THE DOER	24
THE ISRĀ' AS EVIDENCE FOR THE MI'RĀJ	60
MUSA REQUESTS A VISION	78
THE SIGNS OF THE LORD	84
THERE IS NOTHING WHATSOEVER LIKE HIM	92
ALLEGORIES AND CONCEPTS	96
VISION AND IMAGERY	120
THE OBLIGATION OF PRAYER	132

About the Imam
THE IMAM OF PREACHERS

Shaykh Muḥammad Mutawallī al-Shaʿrāwī, may Allah have mercy upon him, stands among the most luminous Islamic scholars of the twentieth century. His voice, imbued with love for the Qurʾan and compassion for the believers, reached into the homes and hearts of millions across the Muslim world. For generations of Arabic-speaking Muslims, his name became synonymous with the *tafsīr* of the Noble Qurʾan itself.

He was born on the 15th of April, 1911, in the village of Daqādūs, nestled in the Daqahliyyah Governorate of Egypt. From his earliest years, the young Muḥammad displayed a remarkable aptitude for memorization and an unmistakable love for the Book of Allah. He committed the entire Qurʾan to memory by the age of eleven, a foundation that would shape the entirety of his blessed life.

His pursuit of sacred knowledge led him to the prestigious al-Azhar University, where he enrolled in the Faculty of Arabic Language. He graduated in 1940 and obtained his teaching certification in 1943. His academic excellence earned him teaching positions at various al-Azhar institutes throughout Egypt. He later served as a professor in the Kingdom of Saudi Arabia, where he taught at Umm al-Qurā University in Makkah al-Mukarramah, a period he often recalled with great fondness due to his proximity to the Sacred House. In recognition of his scholarly eminence and administrative capabilities, he was appointed as Egypt's Minister of Awqāf and al-Azhar Affairs in 1976. He served in this capacity until 1978, working to strengthen the religious institutions of his homeland.

Yet it was through the medium of television that Shaykh al-Shaʿrāwī would leave his most enduring legacy. Beginning in the 1970s, his *tafsīr* programme became a fixture in Muslim households across the Arab world. Every week, families would gather to listen as the Shaykh expounded upon the meanings of Allah's words. His approach was distinctive and deeply effective. He possessed the rare ability to render the most profound Qurʾanic concepts accessible to common people without diminishing their depth or sanctity. He would weave together classical Arabic linguistics, traditional exegesis, and the colloquial Egyptian dialect in a manner that illuminated minds and softened hearts.

His delivery was marked by evident joy and spiritual effervescence. When he spoke of Allah and His Book, his face would radiate with light, and his enthusiasm would prove utterly contagious. Viewers did not merely learn from him. They fell in love with the Qurʾan through him. This gift earned him the honorific title "Imam al-Duʿāh," the Imam of Preachers, a recognition of his unparalleled effectiveness in calling people to their Lord.

The Shaykh was also known for his humility and accessibility. Despite his fame, he remained connected to ordinary believers, answering their questions and addressing their concerns with patience and gentleness. He authored numerous works on Islamic thought, though his compiled *tafsīr*, transcribed from his televised lectures, remains his most celebrated contribution to Islamic literature.

Shaykh al-Shaʿrāwī returned to his Lord on the 17th of June, 1998, in Cairo. He was eighty-seven years old. His funeral was attended by hundreds of thousands of mourners, a testament to the profound impact he had upon the Ummah. He was buried in his native village of Daqādūs, where his resting place continues to be visited by those who benefited from his knowledge.

His legacy endures through his recordings, his written works, and the countless hearts he turned toward the Qurʾan. For those who never had the privilege of meeting him, his voice remains available, still teaching, still inspiring, still calling to Allah with wisdom and beautiful preaching. May Allah have abundant mercy upon him and grant him the highest stations of Paradise.

FORGOTTEN MOMENTS from the ISRĀʾ AND MIʿRĀJ

EVENTS IN THE HISTORY OF ISLAM

In the Name of Allah, the Most Beneficent, the Most Merciful. All praise is due to Allah just as He has taught us to praise. I send prayers and peace upon the Seal of the Prophets, our Master Muhammad ﷺ.

The event of the Isrāʾ and Miʿrāj comprises a magnificent event among the events of the call of Islam. It was preceded by his ﷺ being dispatched, and the migration came after it. There are three important events to discuss when discussing the call of Islam. They are:
1. The event of the Prophet ﷺ being dispatched.
2. The event of the Isrāʾ.
3. The event of the migration.

We know that the Messenger of Allah ﷺ was sent after a pause in the sending of messengers. He was sent with the seal of religions, the comprehensive religion that applies to every time and place. The messages that preceded him had been limited to a certain time or limited to a certain place. However, the Islamic message came as a universal message for all people, in every time and place.

Allah ﷻ chose, as the starting point for this religion, the first House (of Allah) that was erected for mankind, so that it would be the place from which the Islamic call would arise. As we know, Makkah had taken its place among the cities of the Arabian Peninsula, occupying the place of leadership and precedence. Thus, by extension, its inhabitants from Quraysh had taken a place of leadership, honour, and status. And it was that leadership,

أَحْدَاثٌ فِي تَارِيخِ الْإِسْلَامِ

بِسْمِ اللهِ الرَّحْمَنِ الرَّحِيمِ

وَالْحَمْدُ للهِ كَمَا عَلَّمَنَا أَنْ نَحْمَدَ..

وَأُصَلِّي وَأُسَلِّمُ عَلَى خَاتِمِ الْأَنْبِيَاءِ سَيِّدِنَا مُحَمَّدٍ ﷺ.

وَبَعْدُ:

إِنَّ حَدَثَ الْإِسْرَاءِ وَالْمِعْرَاجِ يُعْتَبَرُ حَدَثاً ضَخْماً مِنْ أَحْدَاثِ الدَّعْوَةِ الْإِسْلَامِيَّةِ.. سَبَقَتْهُ الْبِعْثَةُ.. وَجَاءَتْ بَعْدَهُ الْهِجْرَةُ.. الْأَحْدَاثُ الثَّلَاثَةُ الَّتِي تَعَرَّضَتْ لَهَا الدَّعْوَةُ الْإِسْلَامِيَّةُ...

١ ـ حَدَثُ بِعْثَةِ النَّبِيِّ ﷺ.

٢ ـ حَادِثُ الْإِسْرَاءِ.

٣ ـ حَادِثُ الْهِجْرَةِ.

وَنَحْنُ نَعْرِفُ أَنَّ رَسُولَ اللهِ ﷺ بُعِثَ عَلَى فَتْرَةٍ مِنَ الرُّسُلِ.. وَبُعِثَ بِدِينٍ خَاتِمٍ.. وَبِدِينٍ جَامِعٍ يَشْمَلُ الزَّمَانَ كُلَّهُ وَالْمَكَانَ كُلَّهُ.. لِأَنَّ الرِّسَالَاتِ الَّتِي سَبَقَتْهُ كَانَتْ مَحْدُودَةَ الزَّمَانِ.. وَمَحْدُودَةَ الْمَكَانِ.. وَلَكِنَّ الرِّسَالَةَ الْإِسْلَامِيَّةَ جَاءَتْ عَالَمِيَّةً لِلنَّاسِ فِي كُلِّ زَمَانٍ.. وَفِي كُلِّ مَكَانٍ...

وَاخْتَارَ اللهُ سُبْحَانَهُ وَتَعَالَى لِانْطِلَاقِ هَذَا الدِّينِ أَوَّلَ بَيْتٍ وُضِعَ لِلنَّاسِ.. لِيَكُونَ هُوَ الْمَكَانُ الَّذِي تَنْبَعِثُ مِنْهُ الدَّعْوَةَ الْإِسْلَامِيَّةَ ..وَكَمَا نَعْرِفُ أَنَّ مَكَّةَ قَدْ أَخَذَتْ عَلَى كُلِّ الْقُرَى فِي الْجَزِيرَةِ الْعَرَبِيَّةِ مَكَانَ الصَّدَارَةِ.. وَمَكَانَ السِّيَادَةِ.. وَبِالتَّالِي فَقَدْ أَخَذَ سُكَّانُهَا مِنْ قُرَيْشٍ مَكَانَ «السِّيَادَةِ

honour, and status that granted Quraysh dignity in the entire Arabian Peninsula.

That is why their caravans, in the winter and in the summer, were protected enough to withstand any aggression from any tribe. And because every tribe was subject to arrive in the Noble Makkah in the caravans of Hajj, it was necessary for the tribe that resided in that city to be safe, to have its commerce looked after, and not to be exposed to suffering loss.

This leadership, which Quraysh had obtained, caused their decrees to be enacted and their authority over the entire Arabian Peninsula to be absolute. Allah ﷻ willed that the initial rise of the Islamic call would take place in the Noble Makkah, so that the call would enjoy the full patronage of these leaders who have status, nobility, and authority, with no one being able to oppose their status, domination, or authority. So, if the Islamic call were to come from that standpoint, and the Islamic call was directed towards this people who have absolute dignity, then Allah ﷻ will have chosen for the Islamic religion, and for this call, the highest of domains.

As for the Messenger ﷺ, from the time that he was dispatched, he passed through different stages:

- Stage one: That he himself is convinced that he is a Messenger.
- Stage two: That those around him and his close kin are convinced that he is a Messenger.
- Stage three: That he warns generally and universally.

Allah ﷻ had prepared for him, throughout all these

. وَالْعِزَّةِ . وَالْجَاهِ».. وَكَانَتْ هَذِهِ السِّيَادَةِ وَالْعِزَّةِ وَالْجَاهِ هِيَ الَّتِي تَجْعَلُ لِقُرَيْشٍ الْمَهَابَةَ فِي الْجَزِيرَةِ الْعَرَبِيَّةِ كُلِّهَا.. لِذَلِكَ أَمِنَتْ رِحلَاتُهُمْ فِي الشِّتَاءِ وَفِي الصَّيْفِ أَنْ تَتَعَرَّضَ لِأَيِّ غَارَةٍ مِنْ أَيِّ قَبِيلَةٍ مِنَ الْقَبَائِلِ.. وَلِأَنَّ أَيَّ قَبِيلَةٍ مِنَ الْقَبَائِلِ كَانَتْ عُرْضَةً أَنْ تَفِدَ عَلَى مَكَّةَ الْمُكَرَّمَةِ فِي مَوْسِمِ الْحَجِّ.. فَهِيَ إِذاً لَا بُدَّ أَنْ تُسَالِمَ الْقَبِيلَةَ الَّتِي تَسْكُنُ هَذَا الْبَلَدِ.. وَأَنْ تَرْعَى تِجَارَتِهَا.. وَأَلَّا تَتَعَرَّضَ لَهَا بِسُوءٍ...

هَذِهِ هِيَ السِّيَادَةُ الَّتِي أَخَذَتْهَا قُرَيْشٌ قَدْ جَعَلَتْ كَلِمَتَهَا نَافِذَةً.. وَسُلْطَانَهَا قَاهِرٌ.. عَلَى الْجَزِيرَةِ كُلِّهَا.. وَشَاءَ اللهُ سُبْحَانَهُ وَتَعَالَى أَنْ تَكُونَ الدَّعْوَةُ الْإِسْلَامِيَّةِ بِدَايَةُ مُنْطَلَقِهَا فِي مَكَّةِ الْمُكَرَّمَةِ.. حَتَّى تَكُونَ الدَّعْوَةُ فِي إِذْنِ هَؤُلَاءِ السَّادَةِ الَّذِينَ لَهُمُ الْجَاهَ.. وَلَهُمُ الْعَظَمَةُ.. وَلَهُمُ السَّيْطَرَةُ.. وَلَا يَسْتَطِيعُ لِأَحَدٍ أَنْ يَقِفَ أَمَامَ جَاهِهِمْ وَنُفُوذِهِمْ وَسَيْطَرَتِهِمْ.. فَحِينَ تَجِيءُ الدَّعْوَةُ الْإِسْلَامِيَّةُ مِنْ هَذِهِ الْمِنْطَقَةِ.. وَحِينَ تُوَاجِهُ الدَّعْوَةُ الْإِسْلَامِيَّةُ بِهَؤُلَاءِ الْقَوْمِ الَّذِينَ لَهُمْ هَذِهِ الْمَهَابَةُ الْمُطْلَقَةُ.. يَكُونُ اللهُ سُبْحَانَهُ وَتَعَالَى قَدِ اخْتَارَ لِدِينِ الْإِسْلَامِ قِمَّةَ الْمَيَادِينِ لِهَذِهِ الدَّعْوَةِ..

وَأَمَّا الرَّسُولُ ﷺ حِينَمَا بُعِثَ مَرَّ بِمَرَاحِلٍ:

الْمَرْحَلَةِ الْأُولَى: أَنْ يَقْتَنِعَ هُوَ بِأَنَّهُ رَسُولٌ...

الْمَرْحَلَةُ الثَّانِيَّةُ: أَنْ يُقْنِعَ مَنْ حَوْلِهِ مِنْ عَشِيرَتِهِ الْأَقْرَبِينَ...

الْمَرْحَلَةُ الثَّالِثَةُ: أَنْ يُنْذِرَ الْمُحِيطَ كُلَّهُ...

وَقَدْ هَيَّأَ اللهُ سُبْحَانَهُ وَتَعَالَى لَهُ النَّجَاحَ فِي هَذِهِ الْمَرَاحِلِ.. إِلَّا أَنَّ اللهَ سُبْحَانَهُ وَتَعَالَى هُوَ خَالِقُ الْأَسْبَابِ.. وَخَالِقُ الْمُسَبَّبَاتِ.. فَهُوَ يَجْعَلُ

stages, success. However, Allah ﷻ is the Creator of intermediate means and the Creator of their results. He assigns for all things their means, which, in the human experience, are the foundations for obtaining whatever results they desire. Allah ﷻ is free of need of such means. As such, it was possible for Him to give victory to His religion without assigning it any human means and without any material causes of this life. Nevertheless, the Messenger ﷺ came as an example to his believing Ummah. And his believing Ummah is required to spread his ﷺ message. Each believer from whom heavenly revelation has been cut off should investigate and struggle to prepare the earthly means and material tools to establish the basis of what Allah ﷻ has willed of delivering the message and being steadfast upon it.

Thus, the Real ﷻ, when He commanded the Prophet of Allah ﷺ to call openly, the people, as is their habit, showed enmity without clemency. Such enmity, though, did not prevent the guidance of faith from seeping into the souls of many people from his ﷺ close kin and from those among his people who knew the truth of that which he had brought and that he had never lied about any of them even in their mutual, mundane affairs. So, how could he lie upon Allah ﷻ?

However, our Master Muhammad ﷺ was in material need of the security of two things:
1. External security from the disbeliever.
2. Security during his moments of rest, relaxation, and spending the night in his home.

لِلأَشْيَاءِ أَسْبَاباً فِي عُرْفِ الْبَشَرِ تكُونُ مُقدِّمَاتٍ لِمَا يُرِيدُونَ مِنَ النَّتَائِجِ.. وَهَذِهِ الْأَسْبَابُ كَانَ اللهُ سُبْحَانَهُ وَتَعَالَى فِي غِنًى عَنْهَا.. وَكَانَ مِنَ الْمُمْكِنِ أَنْ يَنْصُرَ دِينَهُ بِدُونِ أَنْ يَجْعَلَ مِنْ أَسْبَابِ الْبَشَرِ.. وَلَا مِنْ مَادِّيَّاتِ الْحَيَاةِ مُقَدِّمَاتٍ.. وَلَكِنَّ الرَّسُولَ ﷺ جَاءَ أُسْوَةً لِأُمَّتِهِ مُؤْمِنَةً.. وَالْأُمَّةُ الْمُؤْمِنَةُ كُلُّهَا مُطَالَبَةٌ بِامْتِدَادِ رِسَالَتِهِ ﷺ.. فَحَتَّى يَكُونَ لِكُلِّ مُؤْمِنٍ انْقَطَعَ عَنْهُ وَحْيُ السَّمَاءِ بَصَرٌ «وَاجْتِهَادٌ» فِي أَنْ يُعِدَّ أَسْبَابَ الْأَرْضِ.. وَأَسْبَابُ الْمَادَّةِ.. لِيَصِلَ إِلَى مُنْطَلَقِهِ فِيمَا يُرِيدُهُ اللهُ سُبْحَانَهُ وَتَعَالَى مِنْ تَبْلِيغِ الدَّعْوَةِ وَالثَّبَاتِ عَلَيْهَا...

فَالْحَقُّ سُبْحَانَهُ وَتَعَالَى حِينَمَا أَمَرَ مُحَمَّداً ﷺ أَنْ يَجْهَرَ بِدَعْوَتِهِ.. عَادَاهُ الْقَوْمُ.. عَدَاءً بِلَا هَوَادَةٍ.. إِلَّا أَنَّ هَذَا الْعَدَاءَ لَمْ يَمْنَعْ تَسَرُّبَ هُدَى الْإِيمَانِ إِلَى نُفُوسِ كَثِيرٍ مِنَ النَّاسِ مِنْ عَشِيرَتِهِ ﷺ الْأَقْرَبِينَ.. وَمِنْ قَوْمِهِ الَّذِينَ يَعْلَمُونَ صِدْقًا فِيمَا جَاءَ بِهِ.. وَأَنَّهُ لَمْ يَكْذِبْ عَلَيْهِمْ حَتَّى فِي أُمُورٍ بَيْنَهُمْ.. فَكَيْفَ يَكْذِبُ عَلَى اللهِ سُبْحَانَهُ وَتَعَالَى...

وَكَانَ سَيِّدُنَا مُحَمَّدٌ ﷺ فِي حَاجَةٍ مَادِّيَّةٍ إِلَى أَنْ يُحْمَى حِمَايَتَيْنِ:

الْحِمَايَةُ الْأُولَى: مِنَ الْكُفَّارِ فِي الْخَارِجِ...

الْحِمَايَةُ الثَّانِيَةُ: فِي سَاعَةِ رَاحَتِهِ وَسُكُونِهِ وَهُدُوئِهِ فِي الْبَيْتِ..

كَانَ أَبُو طَالِبٍ يَحْمِيهِ فِي الْخَارِجِ مِنْ أَذَى الْكُفَّارِ.. وَأَذَى الْمُشْرِكِينَ.. وَكَانَ كُفْرُ أَبِي طَالِبٍ سَبَباً مِنَ الْأَسْبَابِ الَّتِي جَعَلَتِ الْكُفَّارَ يُجَامِلُونَهُ بَعْضَ الْمُجَامَلَةِ.. وَالسَّبَبُ الْآخَرُ كَانَ قَرَابَتَهُ مِنْ رَسُولِ اللهِ ﷺ..

وَكَانَتِ السَّيِّدَةُ خَدِيجَةُ رَضِيَ اللهُ عَنْهَا فِي الْبَيْتِ هِيَ السَّكَنُ الَّذِي

Abū Ṭālib used to protect him outside of his home from the abuse of the disbelievers and the abuse of the polytheists. The disbelief of Abū Ṭālib was one of the means to the disbelievers extending him some courtesy. The other means was his closeness to the Messenger of Allah ﷺ.

Sayyidah Khadījah ؓ, in the home, was the abode in which the Messenger ﷺ would take refuge. Thus, she would erase with the two hands of affection, compassion, care, and protection some of the injuries caused by occurrences in the life that he ﷺ lived.

So, it is as if the Real ﷻ had prepared – for his ﷺ protection, assistance, and support – a faithful source in the home, who was Khadījah, and a disbelieving source outside of the home, who was his uncle Abū Ṭālib. As long as these two sources remained by the Messenger of Allah ﷺ, his safety was guaranteed externally by means of his uncle Abū Ṭālib and internally, his safety, tranquillity, security, and stability were guaranteed by means of his wife.

However, Allah ﷻ willed that his wife, Khadījah bint Khuwaylid, would pass away in the same year as his uncle Abū Ṭālib. Thereby, the Messenger of Allah ﷺ lacked the home where he found affection and compassion and had been taking refuge just as he lacked the external protection. Despite the fact that the Messenger of Allah ﷺ knew perfectly well that Allah ﷻ would never betray him, his thoughts and his insight began to contemplate devising a plan to deliver the call with the human means that he had at his disposal. And the only means he had, at that time, in that suffocating hole that was Makkah, was to

يَلْجَأُ إِلَيْهِ الرَّسُولُ.. فَتَمْسَحُ بِيَدَيْ الْحَنَانِ.. وَبِيَدَيْ الْعَطْفِ.. وَبِيَدَيْ الرِّعَايَةِ.. وَبِيَدَيْ الْعِنَايَةِ عَلَى مَنَاعِيَّةٍ مِنْ حَرَكَةِ الْحَيَاةِ الَّتِي يَحْيَاهَا عَلَيْهِ الصَّلَاةُ وَالسَّلَامُ..

فَكَأَنَّ الْحَقَّ سُبْحَانَهُ وَتَعَالَى قَدْ هَيَّأَ لِحِمَايَتِهِ ﷺ وَلِنُصْرَتِهِ وَلِمُؤَازَرَتِهِ مَصْدَراً إِيمَانِيّاً فِي الْبَيْتِ كَانَ مِنْ خَدِيجَةَ.. وَمَصْدَراً كُفْرِيّاً فِي الْخَارِجِ كَانَ مِنْ عَمِّهِ أَبِي طَالِبٍ...

فَحِينَ يَكُونُ هَذَانِ الْمَصْدَرَانِ بِجِوَارِ رَسُولِ اللهِ ﷺ.. تَكُونُ فِي الْخَارِجِ مَكْفُولَةَ الْحِمَايَةِ بِسَبَبِ عَمِّهِ أَبِي طَالِبٍ.. وَفِي الدَّاخِلِ مَكْفُولَةَ الْأَمْنِ وَالْاِطْمِئْنَانِ وَالْاِسْتِقْرَارِ وَالْهُدُوءِ بِوَاسِطَةِ زَوْجَتِهِ...

وَلَكِنَّ قَدَرَ اللهِ سُبْحَانَهُ وَتَعَالَى شَاءَ أَنْ تَتَوَفَّى زَوْجَتُهُ خَدِيجَةُ بِنْتُ خُوَيْلِدٍ فِي الْعَامِ الَّذِي تُوُفِّيَ فِيهِ عَمُّهُ أَبُو طَالِبٍ...

وَهُنَا يَفْقِدُ رَسُولُ اللهِ ﷺ السَّكَنَ الَّذِي كَانَ يَأْوِي إِلَى حَنَانِهِ وَعَطْفِهِ.. كَمَا فَقَدَ الْحِمَايَةَ الْخَارِجِيَّةَ..

وَمَعَ أَنَّ رَسُولَ اللهِ ﷺ كَانَ يَعْلَمُ تَمَاماً أَنَّ اللهَ سُبْحَانَهُ وَتَعَالَى لَا يُسْلِمُهُ.. إِلَّا أَنَّهُ مَعَ ذَلِكَ أَخَذَ يُعْمِلُ فِكْرَهُ.. وَيُعْمِلُ بَصِيرَتَهُ.. وَيُخَطِّطُ لِيَنْطَلِقَ بِالدَّعْوَةِ بِالْأَسْبَابِ الْبَشَرِيَّةِ الَّتِي يَقْدِرُ عَلَيْهَا..

وَمَا كَانَ مِنْهُ فِي هَذَا الْجَوِّ الْخَانِقِ فِي مَكَّةَ إِلَّا أَنْ يَلْتَمِسَ مُنْطَلَقاً لِلدَّعْوَةِ لَعَلَّهُ يَجِدُ نَصِيراً خَارِجِيّاً.. فَقَامَ بِرِحْلَتِهِ إِلَى الطَّائِفِ .. وَمُعْتَقِدًا أَنَّهُ سَيَجِدُ النَّصِيرَ..

وَلَكِنَّهُ وَجَدَ خِلَافَ مَا اعْتَقَدَ... وَحَدَثَ أَنْ آذَوْهُ بِالْقَوْلِ.. وَآذَوْهُ

look for an outlet for the call, that perhaps it would find some external help.

So, he ﷺ embarked on his journey to Ṭā'if, believing he would find support and allies there. However, contrary to his expectations, he encountered resistance. The people of Ṭā'if not only rejected his message but also subjected him to verbal and physical abuse. They incited their foolish ones to harm him until the soles of his feet were bloodied. In this state, devoid of worldly means, he ﷺ turned to Allah ﷻ in earnest supplication, standing in the position of one utterly dependent on his Lord.

بِالْفِعْلِ.. وَاضْطَهَدُوهُ.. وَسَلَّطُوا عَلَيْهِ سُفَهَاءَهُمْ حَتَّى أَدْمَوْا عَقِبَيْهِ.. فَوَقَفَ مَوْقِفَ الضَّارِعِ إِلَى اللهِ سُبْحَانَهُ وَتَعَالَى.. بَعْدَ أَنْ فَقَدَ أَسْبَابَ الْبَشَرِ...

RELIANCE ON ALLAH AND THE USE OF MEANS

When Allah ﷻ provides means, it is incumbent upon the believer to utilize them, exerting their utmost effort to achieve their goals. If one turns to Allah ﷻ while still possessing means, one may not see one's prayers answered, as the means are still within one's reach. However, when a person finds himself in utter need, having exhausted all human means and finding no other recourse, he stands in total reliance upon Allah ﷻ.

In this state, the Prophet ﷺ supplicated:

> O Allah, I complain to You of my weakness, my lack of resources, and my insignificance before people. O Most Merciful of the merciful, You are the Lord of the oppressed, and You are my Lord. To whom do You entrust me? To a distant one who frowns at me or to an enemy to whom You have granted power over me? If You are not angry with me, I do not care, but Your protection is more expansive for me. I seek refuge in the light of Your Countenance, by which the darkness is illuminated, and upon which the affairs of this world and the Hereafter are set right, lest Your wrath descends upon me or Your displeasure befalls me. Yours is the right to reproach until You are pleased. There is no power nor might except by You.

الْأَسْبَابُ وَالتَّوَكُّلُ

هُنَا نَقِفُ وَقْفَةً.. أَنَّ الْإِنْسَانَ الَّذِي يَمُدُّهُ اللهُ سُبْحَانَهُ وَتَعَالَى بِالْأَسْبَابِ عَلَيْهِ أَنْ يَسْتَعْمِلَ هَذِهِ الْأَسْبَابَ.. وَأَنْ يَجْتَهِدَ وُسْعَهُ فِي أَنْ يَسْتَخْدِمَهَا فِي الْوُصُولِ إِلَى أَغْرَاضِهِ..

وَحِينَ يَلْجَأُ إِلَى اللهِ سُبْحَانَهُ وَتَعَالَى وَمَعَهُ الْأَسْبَابُ.. يَرُدُّ اللهُ سُبْحَانَهُ وَتَعَالَى رَجَاءَهُ لِأَنَّهُ لَا تَزَالُ مَعَهُ الْأَسْبَابُ.. وَلَكِنْ إِذَا مَا أَصْبَحَ مُضْطَرّاً.. وَقَدْ أَعْيَتْهُ الْأَسْبَابُ لَمْ تَعُدْ فِي اسْتِطَاعَتِهِ الْبَشَرَ.. فَوَقَفَ مَوْقِفَهُ الضَّارِعَ مِنَ اللهِ سُبْحَانَهُ وَتَعَالَى..

وَقَالَ دُعَاءَهُ الَّذِي قَالَ فِيهِ:

«اللَّهُمَّ إِلَيْكَ أَشْكُو ضَعْفَ قُوَّتِي.. وَقِلَّةَ حِيلَتِي.. وَهَوَانِي عَلَى النَّاسِ.. يَا أَرْحَمَ الرَّاحِمِينَ.. أَنْتَ رَبُّ الْمُسْتَضْعَفِينَ.. وَأَنْتَ رَبِّي.. إِلَى مَنْ تَكِلُنِي.. إِلَى بَعِيدٍ يَتَجَهَّمُنِي.. أَمْ إِلَى عَدُوٍّ مَلَّكْتَهُ أَمْرِي.. إِنْ لَمْ يَكُنْ بِكَ غَضَبٌ عَلَيَّ فَلَا أُبَالِي.. وَلَكِنَّ عَافِيَتَكَ هِيَ أَوْسَعُ لِي.. أَعُوذُ بِنُورِ وَجْهِكَ الَّذِي أَشْرَقَتْ لَهُ الظُّلُمَاتُ.. وَصَلُحَ عَلَيْهِ أَمْرُ الدُّنْيَا وَالْآخِرَةُ مِنْ أَنْ تُنْزِلَ بِي غَضَبَكَ أَوْ تَحِلَّ عَلَيَّ سَخَطَكَ.. لَكَ الْعُتْبَى حَتَّى تَرْضَى.. وَلَا حَوْلَ وَلَا قُوَّةَ إِلَّا بِاللهِ»...

دُعَاءٌ فِيهِ كُلُّ مُقَوِّمَاتُ الْإِيمَانِ وَالْيَقِينِ.. لِأَنَّ رَسُولَ اللهِ ﷺ لَا يَخْذُلُهُ اللهُ سُبْحَانَهُ وَتَعَالَى.. وَدُعَاؤُهُ أَيْضاً يَشْمَلُ أَنَّهُ قَدِ اسْتَنْفَذَ كُلَّ الْأَسْبَابِ..

This supplication embodies the essence of faith and certainty. The Messenger of Allah ﷺ never doubted that Allah ﷻ would support him. His words expressed that he had exhausted all means, finding nothing but enmity or indifference, leaving no choice but for divine intervention to descend.

Allah ﷻ heard the supplication of His Prophet ﷺ and His ﷻ will intended to clarify for him the harshness of the Earth while affirming that the Heavens had not abandoned him. Rather, Allah ﷻ would compensate the earthly rejection with the hospitality of the Heavens and the rejection of humankind with the embrace of the celestial realms. Allah ﷻ would show him His signs, His power, and the mysteries of His creation, granting him a renewed strength and resolve. [He would show him] that Allah ﷻ, who had shown him these signs, is capable of granting him victory. He had not abandoned him. Rather, Allah ﷻ left him to his means so that he would struggle through them, making him an excellent example for his Ummah, that they should never abandon utilizing means while raising their hands to Heaven.

In this context, this magnificent and unparalleled night occurred. The events of the Isrāʾ and the Miʿrāj, after the Prophet's ﷺ supplication, were a response to the rejection of the people of the Earth of the Messenger ﷺ, and to the lack of earthly support and protection. Allah ﷻ granted this lofty journey to His Messenger ﷺ to affirm his honour and demonstrate that in Allah ﷻ lies the ultimate solace for every loss. [And to demonstrate] that the celestial realms would receive the Prophet ﷺ with such

وَأَنَّهُ لَمْ يَجِدْ إِلَّا عَدُوّاً..

وَإِلَّا بَعِيداً.. فَلَا بُدَّ إِذَنْ أَنْ تَتَدَخَّلَ السَّمَاءُ..

سَمِعَ اللهُ سُبْحَانَهُ وَتَعَالَى ضَرَاعَةَ رَسُولِهِ ﷺ..

وَأَرَادَتْ مَشِيئَتُهُ تَعَالَى أَنْ يُبَيِّنَ لَهُ جَفَاءَ الْأَرْضِ.. وَلَكِنْ لَا يَعْنِي ذَلِكَ أَنَّ السَّمَاءَ قَدْ تَخَلَّتْ عَنْهُ.. فَاللهُ سُبْحَانَهُ وَتَعَالَى سَيُعَوِّضُهُ عَنْ جَفَاءِ الْأَرْضِ بِحَفَاوَةِ السَّمَاءِ.. وَسَيُعَوِّضُهُ عَنْ جَفَاءِ عَالَمِ النَّاسِ بِعَالَمِ الْمَلَأِ الْأَعْلَى..

وَسَيُرِيهِ مِنْ آيَاتِهِ.. وَمِنْ قُدْرَتِهِ.. وَمِنْ أَسْرَارِهِ فِي كَوْنِهِ مَا يُعْطِيهِ طَاقَةً وَشُحْنَةً...

وأن اللهَ سُبْحَانَهُ وَتَعَالَى الَّذِي أَرَاهُ هَذِهِ الْآيَاتِ قَادِرٌ عَلَى أَنْ يَنْصُرَهُ..

وَلَنْ يَتَخَلَّى عَنْهُ..

لَكِنَّ اللهَ سُبْحَانَهُ وَتَعَالَى تَرَكَهُ لِلْأَسْبَابِ أَوَّلاً لِيَجْتَهِدَ فِيهَا حَتَّى يَكُونَ أُسْوَةً لِأُمَّتِهِ فِي أَلَّا يَدَعَ الْأَسْبَابِ وَتَرْفَعَ أَيْدِيهَا إِلَى السَّمَاءِ...

إِذاً.. فَقَدْ كَانَتْ لَيْلَةً عَظِيمَةَ الشَّأْنِ.. وَكَانَ حَدَثُ الْإِسْرَاءِ..

وَحَدَثُ الْمِعْرَاجُ..

بَعْدَ الدُّعَاءِ نَتِيجَةَ جَفْوَةِ أَهْلِ الْأَرْضِ لِرَسُولِ اللهِ ﷺ.. وَنَتِيجَةً لِفَقْدِ النَّصِيرِ.. وَنَتِيجَةً لِفَقْدِ الْحَامِي..

فَاللهُ سُبْحَانَهُ وَتَعَالَى شَاءَ أَنْ يَجْعَلَ لِرَسُولِهِ صَلَّى اللهُ عَلَيْهِ وَسَلَّمَ هَذِهِ الرِّحْلَةَ الْعُلْوِيَّةَ حَتَّى يُثْبِتَ لَهُ تَكْرِيمَهُ..

وَحَتَّى يُثْبِتَ لَهُ أَنَّ فِي اللهِ سُبْحَانَهُ وَتَعَالَى عِوَضاً عَنْ كُلِّ فَاقِدٍ..

وَأَنَّ الْمَلَكُوتَ سَيَحْتَفِي بِهِ حَفَاوَةً تَمْسَحُ عَنْهُ كُلَّ عَنَاءِ هَذِهِ الْمَتَاعِبِ..

warmth that would wipe away all the fatigue and hardship he had endured. Allah ﷻ endowed him with a profound spiritual renewal to prepare him for the new phase of his mission, by the permission of his Lord ﷻ.

وَسَيُعْطِيهِ شُحْنَةً قَوِيَّةً لِتَكُونَ أَدَاتَهُ فِي مِنْطَقَةِ الْجَدِيدِ بِإِذْنِ رَبِّهِ سُبْحَانَهُ وَتَعَالَى...

THE QUR'ANIC DISCOURSE ON THE NIGHT JOURNEY

The event of the Night Journey (Isrāʾ) is mentioned in the Qurʾan at the beginning of Sūrah al-Isrāʾ, which says, "Glorified is He who took His servant by night from al-Masjid al-Haram to al-Masjid al-Aqsa, whose surroundings We have blessed, to show him of Our signs. Indeed, He is the All-Hearing, the All-Seeing" (*al-Isrāʾ*, 1).

This Qurʾanic text serves as the foundation for authenticating this event. When the Qurʾan speaks of an event, our only duty is to believe in it because it comes from Allah ﷻ. Our limited intellects cannot approach it with inquiry, as they would the criteria of earthly or human constructs, in any attempt to understand the criteria of Allah ﷻ. Since Allah ﷻ is the One who has declared it, the believer's obligation is to submit to it.

After submission, the mind can reflect on the implications and justifications of this submission. The first justification lies in the initial faith in Allah ﷻ. When a person enters into religion, he begins with firm belief in his Lord ﷻ. Following this, he receives from Allah ﷻ (with submission).

Thus, the act of receiving from Allah ﷻ is conditioned upon belief in Allah ﷻ as the One from whom guidance is received. The believer must then affirm whether the statement originated from Allah. Once confirmed, his duty is to believe in it and acknowledge it as a reality.

حَدِيثُ الْقُرْآنِ عَنِ الْإِسْرَاءِ

حَدَثُ الْإِسْرَاءِ يَتَكَلَّمُ عَنْهُ الْقُرْآنُ فِي اسْتِهْلَالِ السُّورَةِ.. فَيَقُولُ:
أَعُوذُ بِاللهِ مِنَ الشَّيْطَانِ الرَّجِيمِ... بِسْمِ اللهِ الرَّحْمَنِ الرَّحِيمِ...

﴿سُبْحَانَ الَّذِي أَسْرَىٰ بِعَبْدِهِ لَيْلًا مِّنَ الْمَسْجِدِ الْحَرَامِ إِلَى الْمَسْجِدِ الْأَقْصَى الَّذِي بَارَكْنَا حَوْلَهُ لِنُرِيَهُ مِنْ آيَاتِنَا ۚ إِنَّهُ هُوَ السَّمِيعُ الْبَصِيرُ﴾

هَذَا النَّصُّ الْقُرْآنِيُّ هُوَ عُمْدَتُنَا فِي تَوْثِيقِ هَذَا الْحَدَثِ.. وَحِينَ يَجِيءُ النَّصُّ الْقُرْآنِي بِحَدَثٍ.. فَلَيْسَ لَنَا إِلَّا أَنْ نُؤْمِنَ بِهِ لِأَنَّهُ وَرَدَ مِنَ اللهِ سُبْحَانَهُ وَتَعَالَى.. وَلَيْسَ لِعُقُولِنَا الْقَاصِرَةِ أَنْ تَبْحَثَ الْبَحْثَ الْجَارِيَ فِي قَوَانِينِ الْأَرْضِ.. وَقَوَانِينِ الْبَشَرِ لِنُحَاوِلَ أَنْ نَفْهَمَ قَوَانِينَ اللهِ سُبْحَانَهُ وَتَعَالَى.. وَلَكِنْ مَا دَامَ اللهُ سُبْحَانَهُ وَتَعَالَى هُوَ الَّذِي قَالَ: فَالْأَمْرُ الَّذِي يَجِبُ عَلَى الْمُؤْمِنِ هُوَ أَنْ يُسَلِّمَ بِهِ.. وَبَعْدَ ذَلِكَ عَلَى عَقْلِهِ أَنْ يَبْحَثَ فِي قِيَاسَاتِ هَذَا التَّسْلِيمِ.. أَوْ فِي مُبَرِّرَاتِ هَذَا التَّسْلِيمِ.. فَيَجِدُ الْمُبَرِّرَ الْأَوَّلَ لِلتَّسْلِيمِ أَنَّهُ آمَنَ أَوَّلًا بِاللهِ سُبْحَانَهُ وَتَعَالَى... إِنَّ الْإِنْسَانَ أَوَّلَ مَا يَدْخُلُ عَلَى الدِّينِ يُؤْمِنُ إِيمَانَ الْقِمَّةِ بِرَبِّهِ.. بِاللهِ سُبْحَانَهُ وَتَعَالَى.. وَبَعْدَ ذَلِكَ يَتَلَقَّى عَنِ اللهِ سُبْحَانَهُ وَتَعَالَى...

إِذاً.. فَتَلَقِّيهِ عَنِ اللهِ سُبْحَانَهُ وَتَعَالَى مَشْرُوطٌ بِأَنَّهُ آمَنَ بِاللهِ سُبْحَانَهُ وَتَعَالَى الَّذِي يَتَلَقَّى عَنْهُ.. فَمَا عَلَيْهِ بَعْدَ ذَلِكَ إِلَّا أَنْ يُوَثِّقَ الْكَلَامَ «أَصَدَرَ مِنَ اللهِ أَمْ لَمْ يَصْدُرْ».. وَإِنَّ فِعْلَةَ إِيمَانِ الْمُؤْمِنِ بِأَيِّ حُكْمٍ أَوْ بِأَيِّ حَدَثٍ صَادِرٍ مِنَ اللهِ سُبْحَانَهُ وَتَعَالَى.. هُوَ تَوْثِيقُ صُدُورِهِ مِنَ اللهِ سُبْحَانَهُ وَتَعَالَى.. وَبَعْدَ

Subsequently, the intellect may explore its dimensions, seeking to find assurance in its plausibility.

The event begins with Allah's declaration: *Subḥān* (Glorified is He). The word *subḥān* first evokes a powerful sentiment, dispelling any doubts of comparison between human norms and the divine norms of Allah ﷻ.

The meaning of *subḥānAllāh* is that Allah is far above and free from any imperfection in His essence, attributes, and actions. When an act is attributed to Allah ﷻ and He declares that He has done it, the believer must elevate it beyond the limitations of human criteria and not subject Allah's actions to earthly rules.

For this reason, Allah began the verse with *Subḥān* to prepare the human mind for this extraordinary and wondrous event, which might otherwise confound rational understanding. The word *subḥān* denotes Allah's transcendence, reminding us that His actions are unlike human actions and that His criteria are beyond human comprehension.

The verse continues: "… who took His servant by night …". Allah ﷻ is the One who caused the journey to occur, and Muhammad ﷺ is the one who was taken on this journey. Allah chose precise words to convey the unique nature of this experience.

Then comes the phrase "His servant" and after that the beginning of al-Isrāʾ "from al-Masjid al-Haram to al-Masjid al-Aqsa". The verse then explains the purpose of this journey: "to show him of Our signs." Following this, the reasoning behind the event is clarified: why show him these signs? The answer lies in the statement: "Indeed,

أَنْ يُوَثِّقَ صُدُورَهُ مِنَ اللهِ سُبْحَانَهُ وَتَعَالَى مَا عَلَيْهِ إِلَّا أَنْ يُؤْمِنَ بِهِ وَبِأَنَّهُ حَدَثَ.. وَبَعْدَ ذَلِكَ لِعَقْلِهِ أَنْ يَجُولَ بِطَاقَاتِهِ حَتَّى يُمْكِنَ أَنْ يُؤْنِسَ عَقْلَهُ بِأَنَّ ذَلِكَ الْحَدَثَ يَكُونُ لَا مُحَالَ...

إِنَّ هَذَا الْحَدَثَ اسْتَهَلَّهُ اللهُ سُبْحَانَهُ وَتَعَالَى بِكَلِمَةِ.. قَوْلُهُ: «سُبْحَانَ».. وَمَعْنَى كَلِمَةِ «سُبْحَانَ» أَوَّلُ مَا تَقَعُ عَلَى الذِّهْنِ.. تُعْطِي الْإِنْسَانَ طَاقَةً قَوِيَّةً تُبْعِدُ عَنْهُ كُلَّ شُبْهَةِ مُقَارَنَةٍ وَالَّتِي تَأْتِي بَيْنَ قَانُونِ الْمَادَّةِ الْأَرْضِيَّةِ الْإِنْسَانِيَّةِ وَبَيْنَ قَانُونِ اللهِ سُبْحَانَهُ وَتَعَالَى...

وَإِنَّ مَعْنَى «سُبْحَانَ اللهِ» إِنَّ اللهَ سُبْحَانَهُ وَتَعَالَى مُنَزَّهٌ فِي ذَاتِهِ وَفِي صِفَاتِهِ وَفِي أَفْعَالِهِ.. فَإِذَا صَدَرَ فِعْلٌ.. قَالَ اللهُ سُبْحَانَهُ وَتَعَالَى أَنَّهُ صَدَرَ مِنْهُ.. إِذاً.. فَيَجِبُ أَنْ أُنَزِّهَهُ أَنَا عَنْ قَوَانِينِ الْبَشَرِيَّةِ.. وَأَلَّا أُخْضِعَ فِعْلَ اللهِ سُبْحَانَهُ وَتَعَالَى إِلَى قَانُونٍ فِعْلِيٍّ...

وَلِهَذَا.. فَقَدِ اسْتَهَلَّ اللهُ سُبْحَانَهُ وَتَعَالَى بِقَوْلِهِ: «سُبْحَانَ».. حَتَّى يَكُونَ أَوَّلَ مَا يَقْرَعُ الْإِنْسَانَ لِذَلِكَ الْحَدَثِ الْعَجِيبِ الْغَرِيبِ الَّذِي قَدْ تَقِفُ فِيهِ الْعُقُولُ... وَ«سُبْحَانَ» أَيْ تَنْزِيهُهُ.. فَإِذَا قَالَ اللهُ سُبْحَانَهُ وَتَعَالَى «سُبْحَانَ».. مَعْنَى ذَلِكَ تَنْزِيهُهُ لِفِعْلِهِ عَنْ أَفْعَالِ الْبَشَرِ.. وَلِيَتَبَيَّنَ أَنَّ قَانُونَ اللهِ سُبْحَانَهُ وَتَعَالَى لَيْسَ كَقَانُونِ الْبَشَرِ فِي الْفِعْلِ...

ثُمَّ بَعْدَ ذَلِكَ.. ﴿الَّذِي أَسْرَىٰ﴾ بِهِ.. فَاللهُ سُبْحَانَهُ وَتَعَالَى هُوَ الَّذِي أَسْرَى.. وَمُحَمَّدٌ (ﷺ) هُوَ الَّذِي أُسْرِيَ بِهِ.. وَلَقَدِ اخْتَارَ اللهُ سُبْحَانَهُ وَتَعَالَى لَفْظاً يُعْطِي حَيْثِيَّةَ تِلْكَ التَّجْرِبَةِ...

وَاللَّفْظُ هُوَ ﴿بِعَبْدِهِ﴾.. وَبَعْدَ ذَلِكَ بِدَايَةُ الْإِسْرَاءِ ﴿مِّنَ الْمَسْجِدِ

He is the All-Hearing, the All-Seeing." Why is Allah described as All-Hearing and All-Seeing in this context?

The Qur'anic style could have stated something like:
- "Indeed, Allah is capable of all things."
- "Indeed, Allah is Generous."
- "Indeed, Allah is …"

However, the choice of "Indeed, He is the All-Hearing, the All-Seeing" highlights the true reason for Allah's causing His Messenger, Muhammad ﷺ, to travel by night. Allah ﷻ heard the supplication of His Beloved ﷺ after the immense hardships he had endured. Allah saw the mockery, hostility, and humiliation directed at His Messenger. Everything was witnessed and heard by the Lord ﷻ. He willed to show His Messenger some signs. Thus, He took him on the Night Journey.

الْحَرَامِ﴾ وَنِهَايَتُهُ ﴿إِلَى الْمَسْجِدِ الْأَقْصَى﴾.. ثُمَّ قَالَ الْعِلَّةَ ﴿لِنُرِيَهُ مِنْ آيَاتِنَا﴾.. ثُمَّ بَعْدَ ذَلِكَ قَالَ الْعِلَّةَ الدَّافِعَةَ لِكُلِّ هَذَا.. لِمَاذَا نُرِيهِ مِنْ آيَاتِنَا؟ ﴿إِنَّهُ هُوَ السَّمِيعُ الْبَصِيرُ﴾..

سَمِيعٌ لِمَاذَا؟ وَبَصِيرٌ بِمَاذَا؟

فَقَدْ كَانَ مِنَ الْمُمْكِنِ أَنْ يَقُولَ عَلَى نَسَقِ أَسَالِيبِ الْبَشَرِ.. بَعْدَ أَنْ يُرِيَهُ الْآيَاتِ..

.إِنَّ اللهَ عَلَى كُلِّ شَيْءٍ قَدِيرٌ!

.إِنَّ اللهَ وَهَّابٌ...

.إِنَّ اللهَ كَذَا...

أَمَّا أَنْ يَأْتِيَ بِقَوْلِهِ بِأَنَّهُ ﴿هُوَ السَّمِيعُ الْبَصِيرُ﴾.. فَهَذَا لِيَدُلَّكَ عَلَى الْعِلَّةِ الْحَقِيقِيَّةِ.. وَالَّتِي اسْتَوْجَبَتْ أَنْ يَسْرِيَ اللهُ سُبْحَانَهُ وَتَعَالَى بِرَسُولِهِ ﷺ.. فَقَدْ سَمِعَ اللهُ سُبْحَانَهُ وَتَعَالَى دُعَاءَ رَسُولِهِ بَعْدَ الْإِيذَاءِ الَّذِي أُوذِيَ بِهِ رَسُولُ اللهِ ﷺ.. وَقَدْ رَأَى مَا تَعَرَّضَ لِرَسُولِهِ مِنَ الْجَفَاءِ وَالْاِسْتِهْزَاءِ وَمِنَ السُّخْرِيَّةِ وَمِنَ الْإِهَانَةِ.. كُلُّ ذَلِكَ بِمَرْأَى وَسَمْعٍ مِنَ اللهِ سُبْحَانَهُ وَتَعَالَى فَحِينَ رَأَى اللهُ سُبْحَانَهُ وَتَعَالَى ذَلِكَ وَسَمِعَ.. أَرَادَ بِمَشِيئَتِهِ.. أَنْ يُرِيَهُ الْآيَاتِ.. فَأَسْرَى بِهِ...

THE PRINCIPLE OF THE DOER

When we examine the concept of action in relation to any agent (the doer), we find that the characteristics of the action are tied to the nature of the doer. For example, if we were to say, "*Fulān* gave a speech", we will consider the speech on the basis of the capabilities of the speaker who we know. So, with "*Fulān* gave a speech", we consider it on the basis of this speaker. And if it is said, "*Fulān* lifted something heavy", on what basis do we consider the process of the act, of lifting something heavy? On the basis of the strength of the one who is doing the lifting. If it is an ordinary human being that is doing the lifting, he would have limited strength. If the one who is doing the lifting is a champion who has a specific record, he also has strength.

Therefore, every action must be evaluated in relation to the one performing it. It is illogical to compare the action of one individual to that of another whose abilities are entirely different.

Allah ﷻ declares, "Glorified is He who took His servant by night." This indicates that the One who caused the journey is Allah ﷻ Himself. Hence, the action belongs to Allah ﷻ, and it is not appropriate to question or challenge the Messenger ﷺ regarding an act performed by Allah ﷻ.

If it is Allah ﷻ that did the act, why would we be astonished at what Muhammad ﷺ said? Muhammad never said, "I travelled", such that we could compare the Prophet ﷺ to the ordinary laws, saying to him, as the disbelievers said, "We travel by camel for an entire month to

قَانُونُ الْفَاعِلِ

إِذَا جِئْنَا لِنَأْخُذَ عُنْصُرَ الْفِعْلِ مِنْ أَيِّ فَاعِلٍ.. فَنَجِدُ أَنَّ عُنْصُرَ الْفِعْلِ فِي أَيِّ فَاعِلٍ مَلْحُوظٌ فِي ذَاتِ الْفِعْلِ.. فَإِذَا قِيلَ مَثَلاً:

خَطَبَ فُلاَنٌ.. فَسَنَأْخُذُ الْخُطْبَةَ بِمِعْيَارِ فَاعِلِيَّةِ الْخَطِيبِ الَّذِي نَعْرِفُهُ.. وَخَطَبَ فُلاَنٌ.. نَأْخُذُ الْخُطْبَةَ بِمِعْيَارِ هَذَا الْخَطِيبِ...

وَإِذَ قِيلَ: حَمَلَ فُلاَنٌ أَثْقَالاً.. نَأْخُذُ الْعَمَلِيَّةَ الْفِعْلِيَّةَ حَمَلَ أَثْقَالٍ؟ بِقُوَّةِ الَّذِي حَمَلَ.. فَإِذَا حَمَلَ «إِنْسَانٌ عَادِي» فَيَكُونُ لَهُ قُوَّةٌ مُحَدَّدَةٌ... وَإِذَا حَمَلَ «بَطَلٌ» وَلَهُ رَقْمٌ قِيَاسِيٌّ فَيَكُونُ لَهُ أَيْضاً قُوَّةٌ.

إِذاً.. إِنَّ كُلَّ فِعْلٍ مِنَ الأَفْعَالِ يَجِبُ أَنْ يُقَارَنَ بِفَاعِلِهِ هُوَ.. فَلاَ نَأْخُذُ الْفِعْلَ مِنْ فَاعِلٍ.. وَنُعْطِي قَانُونَ غَيْرِ الْفَاعِلِ... كَيْفَ؟

إِنَّ اللهَ سُبْحَانَهُ وَتَعَالَى يَقُولُ: ﴿سُبْحَانَ الَّذِي أَسْرَىٰ بِعَبْدِهِ﴾.. أَيْ: إِنَّ الَّذِي أَسْرَى هُوَ اللهُ سُبْحَانَهُ وَتَعَالَى.. إِذاً.. فَالْفِعْلُ وَاقِعٌ مِنَ اللهِ سُبْحَانَهُ وَتَعَالَى.. فَلاَ يَصِحُّ أَنْ نُؤَاخِذَ مُحَمَّدَ ﷺ بِفِعْلٍ فَعَلَهُ اللهُ سُبْحَانَهُ وَتَعَالَى بِهِ.. وَمَا دَامَ اللهُ سُبْحَانَهُ وَتَعَالَى قَدْ فَعَلَ.. فَلِمَاذَا نَسْتَعْجِبُ عَلَى مُحَمَّدٍ أَنْ يَقُولَ؟ مُحَمَّدٌ لَمْ يَقُلْ: «أَنَا سَرَيْتُ» حَتَّى نَرُدَّ مُحَمَّدَ ﷺ إِلَى قَانُونٍ.. وَنَقُولَ لَهُ كَمَا قَالَ الْكُفَّارُ.. «... نَضْرِبُ إِلَيْهَا أَكْبَادَ الإِبِلِ شَهْراً.. وَتَدَّعِي أَنَّكَ أَتَيْتَهَا فِي لَيْلَةٍ؟

مَنِ الَّذِي قَالَ أَنَّهُ أَتَاهَا لَيْلَةً بِقُدْرَتِهِ وَحْدَهُ؟ لَمْ يَأْتِهَا.. وَإِنَّمَا أُتِيَ بِهِ.. وَأَنْتُمْ تَقُولُونَ: «نَضْرِبُ إِلَيْهَا أَكْبَادَ الإِبِلِ».. أَنْتُمْ تَضْرِبُونَ أَكْبَادَ الإِبِلِ..

arrive there, yet you claim that you went in a single night?"

Who is the one who said that he came to it in a single night by his ability alone? He did not come to it. Rather, he was taken to it. You say, "We travel to it by camel …". You travel to it by camel.

If you were truthful in your analogy, logical comparison, and logical negation – according to you, and you wished to problematize it, it would have been necessary to compare your action and an action from him ﷺ. On the contrary, your comparing an action from you with something that he did not claim to have done – that is disallowed in argumentation. Thus, it was possible to raise the matter of comparison, elevating it to a comparison with Allah ﷻ (and His actions), rather than saying, "How can you claim that you have gone there in a single night while we travel by camel an entire month to reach there?" The Prophet ﷺ clarified, "I did not journey there; rather, I was taken there."

Thus, Muhammad ﷺ was carried by a power that is immense and beyond human comprehension.

Imagine if I were to tell you, "I climbed the peaks of the Himalayas with my infant child." Would any rational person question how the infant climbed the mountains? No – they would instead ask how I managed to climb while carrying the child.

This analogy applies to the Isrā' and Mi'rāj. People did not attribute this miraculous journey to Allah ﷻ but rather debated how Muhammad ﷺ achieved it.

The act, however, was done by Allah ﷻ. When the action is divine, human criteria no longer apply. Here,

فَإِذَا كُنْتُمْ صَادِقِينَ فِي الْمُقَارَنَةِ.. وَالْمُفَاضَلَةِ الْعَقْلِيَّةِ.. وَالتَّنَاقُضِ الْعَقْلِيِّ عِنْدَكُمْ.. وَتُرِيدُونَ أَنْ تَسْتَشْكِلُوا عَلَيْهِ.. كَانَ يَجِبُ أَنْ تُقَارِنُوا.. «فِعْلاً مِنْكُمْ».. «بِفِعْلٍ مِنْهُ».. أَمَّا أَنْ تُقَارِنُوا فِعْلاً مِنْكُمْ بِشَيْءٍ لَمْ يَدَّعِ هُوَ بِهِ بِأَنَّهُ فَعَلَهُ.. فَهَذِهِ اسْتِحَالَةٌ فِي الْمُنَاقَشَةِ.. إِذاً.. كَانَ مِنَ الْمُمْكِنِ أَنْ يُصْعِدُوا الْمَسْأَلَةَ فِي الْقِيَاسِ.. يُصْعِدُونَهَا إِلَى اللهِ سُبْحَانَهُ وَتَعَالَى.. وَلَا يَقُولُونَ لَهُ: «كَيْفَ تَدَّعِي أَنَّكَ أَتَيْتَهَا فِي لَيْلَةٍ وَنَحْنُ نَضْرِبُ إِلَيْهَا أَكْبَادَ الْإِبِلِ فِي خِلَالِ شَهْرٍ».. لِأَنَّ مُحَمَّدًا صَلَّى اللهُ عَلَيْهِ وَسَلَّمَ قَالَ: «أَنَا لَمْ أَسِرْ.. وَإِنَّمَا أُسْرِيَ بِي»..

إِذاً.. إِنَّ مُحَمَّداً ﷺ مَحْمُولٌ عَلَى نِطَاقِ قُوَّةٍ أُخْرَى جَبَّارَةٍ لَا حِسَابَ لَهَا... كَيْفَ.. أَنَا أَقُولُ لَكُمْ:

لَقَدْ صَعِدْتُ بِابْنِي الرَّضِيعِ قِمَّةَ جِبَالِ هِيمَا لَايَا.. أَيَقُولُ مَجْنُونٌ وَاحِدٌ لِي: كَيْفَ يَصْعَدُ ابْنُكَ الرَّضِيعُ قِمَّةَ جِبَالِ هِيمَا لَايَا؟ لَا يَقُولُ لِي أَحَدٌ هَذَا.. وَالَّذِي يَقُولُ هَذَا.. لَابُدَّ وَأَنْ يَكُونَ عَقْلُهُ مُخْتَلّاً.. إِنَّمَا يَقُولُ لِي: كَيْفَ صَعِدْتَ أَنْتَ.. وَالْمَسْأَلَةُ فِي الْإِسْرَاءِ وَالْمِعْرَاجِ لَمْ يَرُدُّوهَا إِلَى اللهِ سُبْحَانَهُ وَتَعَالَى.. وَإِنَّمَا رَدُّوهَا إِلَى مُحَمَّدٍ صَلَّى اللهُ عَلَيْهِ وَسَلَّمَ..

إِذاً.. فَالْفِعْلُ مِنَ اللهِ سُبْحَانَهُ وَتَعَالَى.. وَحِينَ يُوجَدُ الْفِعْلُ مِنَ اللهِ سُبْحَانَهُ وَتَعَالَى.. يَجِبُ أَنْ يُلْغَى قَانُونُ الْبَشَرِ.. هُنَا قَانُونُ الْبَشَرِ اللهُ غَيْرُ مَوْجُودٍ! لِمَاذَا؟ لِأَنَّ كُلَّ فِعْلٍ يَخْتَلِفُ بِاخْتِلَافِ فَاعِلِهِ.. وَيَخْتَلِفُ بِقُوَّةِ ذَلِكَ الْفَاعِلِ.. وَهَكَذَا...

مِثَالٌ: إِنَّ الَّذِي يَسْرِي مِنْ مَكَانٍ مَا إِلَى مَكَانٍ آخَرَ فِي سَيَّارَةٍ عَادِيَّةٍ غَيْرَ

human criteria are absent because every act depends on the strength and capability of the doer. For instance, travelling from one place to another in an ordinary car is not the same as travelling by airplane or rocket. And, who knows, perhaps there exists technology even faster than rockets.

Thus, time is relative to the power employed. Since the journey was orchestrated by Allah ﷻ, who carried Muhammad ﷺ along with the inherent limitations of his human nature under the Infinite Might of his Lord, we must measure the distance and time relative to the Divine Power at play. As they say, distance and power are inversely proportional: the greater the power, the shorter the distance. And since Allah ﷻ performed the act, the result is no time at all.

Someone might argue: if it took no time, then why was it said to have occurred in one night? To this, we respond: there is a difference between the event of Isrāʾ itself as a transference and the visions and experiences witnessed by the Prophet ﷺ. He perceived those visions with his human nature and criteria of perception, which required time. But the transference itself did not require time, for it occurred under the criteria of the One who controls time itself.

So, the objections raised by the Quraysh against the Prophet ﷺ reflect their flawed reasoning and their attempt to measure a Divine Act with human criteria.

الَّذِي يَسْرِي فِي طَائِرَةٍ أَوْ فِي صَارُوخٍ.. «وَمَنْ يَدْرِي قَدْ يَكُونُ هُنَاكَ آلَةٌ أَسْرَعُ مِنَ الصَّارُوخِ»...

إِذاً.. لَا بُدَّ أَنْ نُنسِبَ الزَّمَنَ إِلَى قُوَّةِ الْعَمَلِ.. فَمَا دَامَتِ الْمَسْأَلَةُ مِنَ اللهِ سُبْحَانَهُ وَتَعَالَى.. وَهُوَ الَّذِي أَسْرَى.. وَسَيِّدُنَا مُحَمَّدٌ ﷺ مُصَاحِبٌ وَمَحْمُولٌ قَانُونَ ضُعْفِهِ الْبَشَرِيِّ عَلَى قَانُونِ قُوَّةِ رَبِّهِ الْقَائِدِ.. فَلَا بُدَّ لَنَا أَنْ نَقِيسَ الْمَسَافَةَ وَزَمَانَهَا بِنِسْبَةِ الْقُوَّةِ الَّتِي فَعَلَتْ..

وَكَمَا يَقُولُونَ: إِنَّ الْمَسَافَةَ تَتَنَاسَبُ مَعَ الْقُوَّةِ تَنَاسُباً عَكْسِياً.. فَكُلَّمَا ازْدَادَتِ الْقُوَّةُ قَصُرَتِ الْمَسَافَةُ.. وَالْقُوَّةُ الَّتِي فَعَلَتْ هِيَ قُوَّةُ اللهِ سُبْحَانَهُ وَتَعَالَى.. فَنَجِدُ عِنْدَئِذٍ أَنَّ النَّتِيجَةَ.. لَا زَمَنَ...

يَأْتِي شَخْصٌ وَيَقُولُ لَكَ:

مَا دَامَ لَيْسَ هُنَاكَ زَمَنٌ.. فَلِمَا ذَا أَخَذَ لَيْلَهُ؟

نَقُولُ لَهُ: هُنَاكَ فَرْقٌ بَيْنَ حَدَثِ الْإِسْرَاءِ فِي ذَاتِهِ كَنَقْلَةٍ.. وَبَيْنَ مَرَائِي تَعَرَّضَ لَهَا الرَّسُولُ ﷺ.. فَالرَّسُولُ عَلَيْهِ الصَّلَاةُ وَالسَّلَامُ حِينَمَا تَعَرَّضَ لِمَرَائِي.. رَأَهَا هُوَ بِبَشَرِيَّتِهِ وَبِقَانُونِهِ.. فَالْمَرَائِي الَّتِي تَعَرَّضَ لَهَا هِيَ الَّتِي احْتَاجَتْ لِلزَّمَنِ.. أَمَّا النَّقْلَةُ فِي ذَاتِهَا فَلَمْ تَحْتَاجْ إِلَى زَمَنٍ .. لِأَنَّهَا مَحْمُولَةٌ عَلَى قَانُونِ مَنْ سَيَتَحَكَّمُ فِيهِ الزَّمَنُ.. إِذاً.. فَالْجَمَاعَةُ الَّذِينَ نَاقَشُوا رَسُولَ اللهِ ﷺ.. هُمْ جَمَاعَةٌ يُعْطُونَ صُورَةً مِنْ عَقْلِهِمْ فِي أَنَّهُمْ قَارَنُوا مُقَارَنَةً غَيْرَ مَوْضُوعِيَّةٍ...

A MODERN QUESTION

Even today, similar arguments arise:
- How could he go and return so quickly?
- Was the Isrāʾ only spiritual or was it both physical and spiritual?

ANSWER

We address such questions as follows: The matter did not originate from Muhammad ﷺ. So, be astonished over your human norms. Be astonished over your worldly norms. But raise this matter as it relates to Allah ﷻ. We say:

1. Can Allah ﷻ accomplish this? Is His power sufficient?
2. Does His power require time to achieve this?

To understand, consider how Allah has made even disbelievers serve Islam's cause. How? By their objections, they inadvertently affirmed the reality of the event.

If the Quraysh had not opposed the Prophet ﷺ by saying, "Do you claim you have travelled there in one night, while we take a month on camelback?", some might have dismissed the event as merely a dream. Dreams are neither disputed nor debated. If I were to claim I dreamed of visiting London last night, no one would argue with me because dreams are subjective.

سُؤَالٌ

لَا زَالَتْ تُطْرَحُ الْمُقَارَنَةُ بَعْدُ بِشَكْلٍ حَدِيثٍ وَمُعَاصِرٍ.. وَبَعْضُ النَّاسِ يَقُولُونَ نَفْسَ هَذَا الْكَلَامِ فِي عَصْرِنَا هَذَا.. وَالْأَسْئِلَةُ لَا بُدَّ لَهَا مِنْ جَوَابٍ...

. كَيْفَ يَذْهَبُ.. وَكَيْفَ يَعُودُ.. وَرُبَّمَا كَانَ الْإِسْرَاءُ بِالرُّوحِ فَقَطْ.. وَرُبَّمَا كَانَ بِالْجَسَدِ وَالرُّوحِ مَعاً؟

جَوَابٌ

هُنَا نُنَاقِشُهُمْ.. نَأْتِي فَنَقُولُ:

إِنَّ الْمَسْأَلَةَ لَيْسَتْ حَدَثاً مِنْ مُحَمَّدٍ ﷺ.. إِذاً.. فَاسْتَبْعِدُوا قَوَانِينَ بَشَرِيَّتِكُمْ.. اسْتَبْعِدُوا قَانُونَ أَرْضِيَّتِكُمْ.. وَصَعِّدُوا هَذِهِ الْمَسْأَلَةَ بِالنِّسْبَةِ للهِ عَزَّ وَجَلَّ.. نَقُولُ:

١ . يُقْدِرُ اللهُ سُبْحَانَهُ وَتَعَالَى عَلَى هَذِهِ الْمَسْأَلَةِ أَمْ لَا يَقْدِرُ؟

٢. قُوَّتُهُ سُبْحَانَهُ وَتَعَالَى تَحْتَاجُ إِلَى زَمَنٍ.. أَمْ لَا تَحْتَاجُ إِلَى زَمَنٍ لِهَذِهِ الْمَسْأَلَةِ؟

وَلِكَيْ تَعْرِفُوا أَنَّ الْحَقَّ سُبْحَانَهُ وَتَعَالَى قَدْ هَيَّأَ لِدِينِ الْإِسْلَامِ جُنُوداً حَتَّى مِنَ الْكَافِرِينَ.. وَذَلِكَ لِيُعَاوِنُوا مُحَمَّدٍ ﷺ عَلَى نَصْرِ دَعْوَتِهِ.. كَيْفَ؟ نَقُولُ: لَوْ لَمْ يَقِفْ كُفَّارُ قُرَيْشٍ مِنْ رَسُولِ اللهِ ﷺ مَوْقِفَهُمْ هَذَا لِيَقُولُوا لَهُ: «أَتَدَّعِي أَنَكَ أَتَيْتَهَا فِي لَيْلَةٍ.. وَنَحْنُ نَضْرِبُ إِلَيْهَا أَكْبَادَ الْإِبِلِ شَهْراً».. رُبَّمَا قَالَ قَائِلٌ بَعْدَ ذَلِكَ . «لَقَدْ ظَنُّوهُ مَنَاماً».. وَالْمَنَامُ لَا يُمَارِي فِيهِ.. وَالْحُكْمُ عَلَيْهِ لَا يُمَارَى فِيهِ أَيْضاً.. فَإِذَا رَأَيْتَ أَنِّي قَدْ ذَهَبْتُ إِلَى لُنْدُنَ

By this, it is clear to us that the disbelievers, with their annoyance in front of the Messenger of Allah ﷺ, have rendered us a great service, which became clear to us afterwards. Thus, we say, "If the vision had been while asleep, no one would have argued with him because anyone can relate to you a dream. This indicates that the situation of what was seen is above the ordinary situations, and, thus, while awake. And since they made the argument that they did regarding this issue, and took the stance that they did, they knew that it was while awake with both body and soul."

Some who deny the physical aspect of the Isrāʾ and Miʿrāj base their argument on the Qurʾanic verse: "And We did not make the vision which We showed you except as a trial for mankind …" (al-Isrāʾ, 60). According to them, *ruʾyā* only comes as a verbal noun for dream visions, visions while asleep, because for ocular visions, one would say "I saw a *ruʾyah*". It is only when one has seen something while asleep that he would say, "I saw a *ruʾyā*". Thus, the Qurʾanic text (And We did not make the vision which We showed you except as a trial for mankind) indicates that it took place while he was asleep.

But we would respond to them: If it were merely a dream, how could it be a trial for people? A trial implies disagreement – some believe and others reject. If it had been a dream, it would not be possible for anyone to dispute regarding it, neither confiming or denying it.

هَذِهِ اللَّيْلَةَ.. فَلا يُمْكِنُ أَنْ يُنَاقِشَنِي أَحَدٌ.. لِأَنَّ الْمَسْأَلَةَ.. رُؤْيَةٌ لَا أَكْثَر...

إِذاً.. إِنَّ مَوْقِفَهُمْ هَذَا الَّذِي وَقَفُوهُ قَدِيماً أَمَامَ رَسُولِ اللهِ ﷺ لِيَقُولُوا لَهُ: «أَتَدَّعِي أَنَّكَ اتَيْتَهَا فِي لَيْلَةٍ.. وَنَحْنُ نَضْرِبُ إِلَيْهَا أَكْبَادَ الْإِبِلِ شَهْراً».. هَذَا تَأْكِيداً عَلَى أَنَّهُمْ أَدْرَكُوا أَنَّهَا لَمْ تَكُنْ.. لَا مَنَاماً وَلَا رُوحاً.. بَلْ كَانَتْ يَقَظَةً بِرُوحِهِ وَبِجِسْمِهِ... وَإِلَّا لَمَا صَدَرَ هَذَا الْإِعْتِرَاضُ...

وَبِذَلِكَ يَتَبَيَّنُ لَنَا أَنَّ الْكَافِرِينَ بِتَعَنُّتِهِمْ أَمَامَ رَسُولِ اللهِ ﷺ قَدْ خَدَمُونَا خِدْمَةً كَبِيرَةً تَبَيَّنَتْ لَنَا بَعْدَ ذَلِكَ... وَهُنَا نَقُولُ: لَوْ كَانَتْ رُؤْيَا مَنَامِيَةً لَمَا نَاقَشَ فِيهَا أَحَدٌ.. لِأَنَّ أَيَّ وَاحِدٍ يَقُصُّ عَلَيْكَ رُؤْيَةً.. يَدُلُّ ذَلِكَ عَلَى أَنَّ قَانُونَ الْمَرَائِي فَوْقَ قَانُونِ الْمَادَّةِ وَالْيَقَظَةِ.. وَبِمَا أَنَّهُمْ قَدْ نَاقَشُوا فِي هَذِهِ الْمَسْأَلَةِ.. وَوَقَفُوا هَذِهِ الْوَقْفَةَ.. فَهُمْ إِذًا قَدْ أَدْرَكُوا أَنَّهَا يَقَظَةٌ وَبِالْجِسْمِ وَالرُّوحِ مَعاً...

وَإِنَّ الَّذِي يَقُولُ هَذَا الْكَلَامِ يُحَاوِلُ أَنْ يُسْنِدَهُ بِشَيْءٍ.. فَيَبْحَثُ حَتَّى يَجِدَ نَصاً قُرْآنِياً وَهُوَ: قَوْلَهُ تَعَالَى: ﴿وَمَا جَعَلْنَا الرُّؤْيَا الَّتِي أَرَيْنَاكَ إِلَّا فِتْنَةً لِّلنَّاسِ﴾.. وَعِنْدَهُمْ أَنَّ كَلِمَةَ ﴿الرُّؤْيَا﴾ لَا تَأْتِي مَصْدَراً إِلَّا لِرَأْيِ الْحُلْمِيَّةِ. لِرَأْيِ الْمَنَامِ .. لِأَنَّ رَأْيَ الْبَصَرِيَّةِ يَقُولُ فِيهَا: «رَأَيْتُ رُؤْيَةً»... إِنَّمَا إِذَا رَأَيْتَ مَنَامًا تَقُولُ: «رَأَيْتُ رُؤْيَا».. فَنَصَّ الْقُرْآنُ.. ﴿وَمَا جَعَلْنَا الرُّؤْيَا الَّتِي أَرَيْنَاكَ إِلَّا فِتْنَةً لِّلنَّاسِ﴾.. أَنَّهَا مَنَامِيَّةٌ...

وَنَحْنُ نَقُولُ لَهُ: إِذَا كَانَتْ رُؤْيَا مَنَامِيَّةً.. فَكَيْفَ تَكُونُ فِتْنَةً لِلنَّاسِ! فِتْنَةً لِلنَّاسِ.. إِنَّ بَعْضَهُمْ يُصَدِّقُ.. وَبَعْضَهُم يُكَذِّبُ.. وَلَوْ كَانَتْ رُؤْيَا مَنَامِيَّةً..

At the same time, we will examine the language aspect before returning to our speech. We say that one should not make judgements based on what has become widespread on the tongues of people. Rather, take from the linguistic research that is found in the reference books. Return to the language in the time of Jāhiliyyah, before the Qurʾan was revealed. And you will find that the word *ruʾyā* was also used for ocular visions. An example is a verse by the poet Al-Rāʿī al-Numayri:

> Rejoice for the vision, and his heart is gladdened,
> He brings glad tidings to a soul he once blamed.

Even Al-Mutanabbī, though his poetry is not always cited as evidence, used it similarly:

> And your vision in my eyes is sweeter than sleep.

Thus, the term *ruʾyah* can refer to both visions while in a waking state and dreams. However, it is typically used for visions while awake – things that are astonishing and beyond ordinary perception, similar to those things only seen while asleep, such as if you were to say, "I saw that in a dream." Visions in dreams (*ruʾyah*) are from ordinary occurrences. It is only when you see a vision (*ruʾyā*) that you have seen it with your eyes. The meaning is that it is a strange matter that is ordinarily only possible to see in a dream. So, it is as if it is a dream. Otherwise, if it were seen in a dream, it would not have caused any trouble to people. People would not have differed over it.

فَلَا يُمْكِنُ أَنْ يُنَاقِشَهَا أَحَدٌ.. لَا تَصْدِيقاً وَلَا تَكْذِيباً...

وَمِنْ ثَمَّ لِنَتَقَدَّمَ إِلَى اللُّغَةِ قَبْلَ أَنْ نَعُودَ إِلَى الْكَلَامِ.. نَقُولُ:

لَا تَأْخُذْ بِالشَّائِعِ عَلَى أَلْسِنَةِ النَّاسِ.. إِنَّمَا خُذْ بِالتَّحْقِيقِ اللُّغَوِيِّ الْمَوْجُودِ فِي الْقَوَانِينِ.. عُدْ إِلَى اللِّسَانِ الْجَاهِلِيِّ قَبْلَ أَنْ يُنْزَلَ الْقُرْآنُ.. سَتَجِدُ أَنَّ كَلِمَةَ الرُّؤْيَا وَرَدَتْ أَيْضاً لِلْبَصَرِيَّةِ.. فَالرَّاعِي النَّمِيرِي إِعْرَابِي شَاعِرٌ.. يَقُولُ فِي قَصِيدَةٍ لَهُ:

فَكَبَّرَ لِلرُّؤْيَا وَهَشَّ فُؤَادُهُ   وَبَشَّرَ نَفْساً كَانَ قَبْلَ يَلُومُهَا

وَالْمُتَنَبِّي أَيْضاً.. وَإِنْ كَانَ مِمَّنْ لَا يُسْتَشْهَدُ بِشِعْرِهِ .. إِلَّا أَنَّهُ اسْتِئْنَاسٌ فَقَطْ... يَقُولُ:

وَرُؤْيَاكَ فِي الْعَيْنَيْنِ أَحْلَى مِنَ الْغَمْضِ

إِذاً.. فَقَدْ اسْتُعْمِلَتْ كَلِمَةُ «الرُّؤْيَا» بِمَعْنَى «الْبَصَرِيَّةُ» وَبِمَعْنَى «الْمَنَامِيَّةُ».. وَلَكِنْ عَادَةً يَسْتَعْمِلُونَ كَلِمَةَ «الرُّؤْيَا» فِي الْبَصَرِيَّةِ.. فِي الْأَشْيَاءِ الْغَرِيبَةِ الْعَجِيبَةِ كَأَنَّهَا مِنَ الْأَشْيَاءِ الَّتِي لَا تَحْصُلُ إِلَّا مَنَاماً.. كَمَا تَقُولُ أَنْتَ: أَنَا رَأَيْتُ ذَلِكَ فِي الْحُلْمِ.. فَإِذَا رَأَيْتَ رُؤْيَةً فَهَذِهِ مِنَ الْعَادِيَّاتِ.. إِنَّمَا إِذَا رَأَيْتَ رُؤْيَا.. وَقَدْ رَأَيْتَ بَصَرِيَّةً.. فَمَعْنَى ذَلِكَ.. أَنَّهَا أَمْرٌ «عَجِيبٌ» مِمَّا لَا يُمْكِنُ أَنْ يُدْرَكَ إِلَّا فِي الْأَحْلَامِ.. فَهِيَ كَأَنَّهَا رُؤْيَةٌ.. وَإِلَّا لَوْ كَانَتْ مَنَامِيَّةً.. لَمَا كَانَتْ فِتْنَةً لِلنَّاسِ.. وَلَمَا اخْتَلَفَ النَّاسُ فِيهَا.. فَهَلْ وَجَدْتُمْ قَوْماً قَدْ اخْتَلَفُوا مَعَ وَاحِدٍ مِنَ النَّاسِ رَأَى رُؤْيَا مَنَامِيَّةً فِي أَنَّهُ رَأَى الرُّؤْيَا وَبِأَيِّ شَكْلٍ رَآهَا.. وَبِأَيِّ صُورَةٍ.. وَبِأَيِّ سُرْعَةٍ.. وَفِي أَيِّ مَنْظَرٍ؟ أَبَداً.. لَمْ يُوجَدْ شَخْصٌ نَاقَشَ فِي هَذِهِ الْمَسْأَلَةِ.. إِذْ إِنَّ

Have you ever known people to dispute the details of someone's dream? For example, have they argued about how the dreamer saw their vision, in what form, at what speed, or in what setting? Never. No one disputes such things in the context of dreams because dreams are subjective and intangible.

Since the Isrāʾ of the Prophet ﷺ has been described as a trial for the people, this indicates that it was not a dream. To those who interpret the Isrāʾ as a dream, we ask: how is the word *jaʿal* (made) used in the Arabic language? In the language, the word *jaʿal* can be used in two ways:

1. To create something from nothing, as in the verse: "And [He] made from it its mate." (*al-Zumar*, 6) Here, 'made' means created from non-existence.
2. To transform something existing into something else. For example:
   - "I made clay into a pitcher."
   - "I made wood into a desk."

Then, there existed wood before there was a desk. Then, I formed it and made it into a desk. So, here, we can make a distinction between *jaʿala*, when it is transitive on a single object, *ījād*, which is to bring something from nothing, and *jaʿala*, when it is transitive on two objects. That from which something was made had existed. Then, it was transformed into something else. For example, our Lord says to Ibrāhīm, "I will make you, for people, an Imam." Thus, he existed. As for being an Imam, that is another matter.

Allah ﷻ says, "And We did not make the vision which We showed you except as a trial for mankind." What was

الرُّؤْيَا مَنَامِيَّةٌ.. إِذاً.. مَا دَامَ رُؤْيَا الرَّسُولِ ﷺ قَدْ جُعِلَتْ فِتْنَةً.. فَهَذَا دَلِيلٌ عَلَى أَنَّهَا لَمْ تَكُنْ رُؤْيَا مَنَامِيَّةً...

ثُمَّ نَحْنُ نُرِيدُ أَنْ نُنَاقِشَ الَّذِينَ يَقُولُونَ هَذَا الْكَلَامَ مُنَاقَشَةً لُغَوِيَّةً.. كَمَا يُنَاقِشُونَهَا لُغَوِياً.. فَنَقُولُ لَهُمْ:

كَيْفَ نَسْتَعْمِلُ كَلِمَةَ «جَعَلَ» فِي اللُّغَةِ؟

أَنَا أَرَى فِي اللُّغَةِ أَنَّ كَلِمَةَ «جَعَلَ» هَذِهِ لَوْ اسْتُعْمِلَتْ فِي شَيْءٍ كَانَ مَعْدُوماً فَيُوجَدُ.. فَتَكُونُ بِمَعْنَى «خَلَقَ» قَوْلَهُ تَعَالَى: ﴿وَجَعَلَ مِنْهَا زَوْجَهَا﴾.. أَيْ: وَخَلَقَ مِنْهَا زَوْجَهَا.. كَانَ مَعْدُوماً فَوُجِدَ.. لَكِنْ إِذَا اسْتُعْمِلَتْ «جَعَلَ» فِي شَيْءٍ مَوْجُودٍ تَحَوَّلَ إِلَى شَيْءٍ.. فَيَكُونُ عِنْدِي أَمْرَانِ اثْنَانِ:

١. مَجْعُولٌ...

٢. مَجْعُولٌ مِنْهُ...

جَعَلْتُ الطِّينَ إِبْرِيقاً.. جَعَلْتُ الْخَشَبَ مَكْتَباً...

إِذاً.. كَانَ هُنَاكَ خَشَبٌ قَبْلَ أَنْ يَكُونَ هُنَاكَ مَكْتَبٌ.. ثُمَّ حَوَّلْتُهُ وَجَعَلْتُهُ مَكْتَباً...

إِذاً.. فَهُنَاكَ فَرْقٌ بَيْنَ «جَعَلَ» الَّتِي تَتَعَدَّى إِلَى مَفْعُولٍ وَاحِدٍ...

وَهَذِهِ إِيجَادٌ مِنْ عَدَمٍ... وَبَيْنَ «جَعَلَ» الَّتِي تَتَعَدَّى إِلَى مَفْعُولَيْنِ.. الْمَجْعُولُ مِنْهُ كَانَ مَوْجُوداً.. ثُمَّ صَارَ إِلَى شَيْءٍ آخَرَ..

مِثَالٌ: رَبُّنَا يَقُولُ لِإِبْرَاهِيمَ: ﴿قَالَ إِنِّي جَاعِلُكَ لِلنَّاسِ إِمَامًا﴾.. فَأَنْتَ إِذاً مَوْجُودٌ.. أَمَّا الْإِمَامِيَّةُ فَهِيَ شَيْءٌ آخَرُ...وَقَوْلُهُ تَعَالَى ﴿وَمَا جَعَلْنَا الرُّؤْيَا

made? It was a trial. How does a vision become a trial? It must transition from a state of perception to a tangible reality.

It is possible that the Prophet ﷺ first saw the Isrāʾ in a vision, then experienced it spiritually, and finally witnessed it physically. This aligns with the narration of ʿĀʾishah, who said, "The Messenger of Allah never saw a vision except that it became as clear as the break of dawn." This indicates that if he saw it in a vision, it became a tangible reality beyond dispute. Allah ﷻ has related in some of the *sūrahs* of the Qurʾan His ﷻ words: "Allah has indeed confirmed as true the vision of His Messenger: that you will indeed enter the Sacred Mosque." He saw that in a dream. Then, it became a true occurrence. So, what is there that prevents that the spirit of the Messenger of Allah ﷺ would have longed for Allah ﷻ, and thus saw this event in a dream, and afterwards saw it as a physical reality? He also saw a dream that he entered the Sacred Mosque while his Companions were shaving their heads or shortening their hair. Afterwards, he saw it as a physical reality. In that way, His ﷻ words "And We did not make the vision" which the Messenger of Allah ﷺ saw while asleep except as a test. In other words, [it was] an occurrence to test people. And after it had become so, it became something else.

After discussing that it is intellectually possible to attribute the act to the Divine ﷻ and distancing our Master Muhammad ﷺ from the realm of debate, the Beloved ﷺ is then escorted, with no relation to the act.

Subsequently, we consider the aspect of, "Exalted is

التِي أَرَيْنَاكَ﴾.. مَاذَا جَعَلْنَاهَا؟ فِتْنَةً! وَكَيْفَ تَصِيرُ الرُّؤْيَا فِتْنَةً؟ لَا بُدَّ أَنْ تَنْقَلِبَ هَذِهِ الرُّؤْيَا حَقِيقَةً.. إِذاً.. لَا مَانِعَ أَنْ يَكُونَ رَسُولَ اللهِ ﷺ قَدْ رَأَى الإِسْرَاءَ «رُؤْيَا» ثُمَّ رَآهُ «يَقَظَةً»...

فَقَدْ حَدَّثَ اللهُ سُبْحَانَهُ وَتَعَالَى فِي بَعْضِ سُوَرِ الْقُرْآنِ بِقَوْلِهِ تَعَالَى: ﴿لَقَدْ صَدَقَ اللَّهُ رَسُولَهُ الرُّؤْيَا بِالْحَقِّ لَتَدْخُلُنَّ الْمَسْجِدَ الْحَرَامَ﴾...

رَآهُ فِي الرُّؤْيَا.. ثُمَّ صَارَ حَقِيقَةً وَوَاقِعاً.. فَمَا الَّذِي يَمْنَعُ أَنْ يَكُونَ رَسُولُ اللهِ ﷺ آنَسَ اللهِ سُبْحَانَهُ وَتَعَالَى رُوحَهُ.. فَرَأَى مَنَامًا هَذِهِ الْمَشَاهِدَ.. وَبَعْدَ ذَلِكَ رَآهَا حَقِيقَةً.. كَمَا رَأَى أَنَّهُ دَخَلَ الْمَسْجِدَ الْحَرَامَ رُؤْيَةً وَأَصْحَابُهُ مُحَلِّقِينَ وَمُقَصِّرِينَ.. وَبَعْدَ ذَلِكَ رَآهَا حَقِيقَةً.. وَيَكُونُ بِذَلِكَ قَوْلَهُ تَعَالَى: ﴿وَمَا جَعَلْنَا الرُّؤْيَا﴾ الَّتِي رَآهَا رَسُولُ اللهِ ﷺ فِي الْمَنَامِ إِلَّا فِتْنَةً.. أَيْ وَاقِعاً يَفْتِنُ النَّاسَ فِيهِ.. فَبَعْدَ أَنْ كَانَتْ كَذَا.. صَارَتْ إِلَى كَذَا...

إِذاً.. فَلَا مَانِعَ أَنْ يَكُونَ الرَّسُولُ ﷺ قَدْ تَعَرَّضَ لِحَدَثِ الإِسْرَاءِ أَوَّلاً مَنَاماً.. ثُمَّ تَعَرَّضَ لَهُ رُوحاً.. ثُمَّ تَعَرَّضَ لَهُ يَقَظَةً.. وَهَا هِيَ السَّيِّدَةُ عَائِشَةُ تَأْتِينَا فِي ذَلِكَ فَتَقُولُ: «إِنَّهُ مَا رَأَى رُؤْيَةً إِلَّا جَاءَتْ كَفَلَقِ الصُّبْحِ» فَإِذَا كَانَ قَدْ رَأَى رُؤْيَا.. فَهِيَ إِذاً حَقِيقَةٌ لَا مِرَاءَ فِيهَا وَلَا جَدَلَ... بَعْدَ ذَلِكَ نَنْتَقِلُ إِلَى نُقْطَةٍ أُخْرَى..

فَبَعْدَ أَنْ تَكَلَّمْنَا عَنْ أَنَّ الإِمْكَانَ الْعَقْلِيَّ مَوْجُودٌ بِإِسْنَادِ الْفِعْلِ إِلَى الْحَقِّ سُبْحَانَهُ وَتَعَالَى.. وَإِبْعَادِ سَيِّدِنَا مُحَمَّدٍ عَنْ مَدَارِ النِّقَاشِ.. فَيَكُونُ مُحَمَّدٌ ﷺ .. «مُصَاحَبٌ» لَا عَلَاقَةَ لَهُ بِالْفِعْلِ...

He who took His slave on a journey …". He did not say "His Messenger" or "Muhammad", but He referred to the attribute of servitude to Allah ﷻ, which is the gateway to Allah's granting. For every religious legislation came to correct our servitude to Allah ﷻ, and every one of the Messengers aims to be a model for us. Thus, he must be a model in servitude.

Let us inquire: servitude to whom? And what is servitude in itself but a bitter word, a difficult word, a word truly detested by people? But why is servitude detested? Indeed, servitude is loathed when it is part of creation, for one being a servant to another creation. Why? Because the servitude of creation entails giving the best of the servant to his master. It drains his goodness. He is commanded to do tasks he may utterly be incapable of. However, the servitude of creation to the Divine, exalted be He, presents a completely inverse image. It bestows the Master's best upon the servant, and limitless blessings.

Thus, here, servitude is an honour. The more one's servitude increases, the more the bounty from Allah, exalted be He, intensifies. Escape from servitude, and His bounty, exalted be He, overflows upon you.

Therefore, when the Divine, exalted be He, said, "Exalted is He who took His slave on a journey …", He gave us a semblance of context. And the phrase "His slave" [is used] to refute those who said that it was his soul that was taken on the Night Journey. The term "slave" is not applied to the soul alone; that cannot be. Nor even to the body alone. Rather, it is applied to "the self" when it contains both matter and soul.

بَعْدَ ذَلِكَ نَأْتِي بِالْحَيْثِيَّةِ.. ﴿سُبْحَانَ الَّذِي أَسْرَىٰ بِعَبْدِهِ﴾.. لَمْ يَقُلْ «بِرَسُولِ» أَوْ «بِمُحَمَّدٍ».. بَلْ أَتَى بِصِفَةِ الْعُبُودِيَّةِ للهِ سُبْحَانَهُ وَتَعَالَى.. الَّتِي هِيَ بَابُ الْعَطَاءِ مِنَ اللهِ سُبْحَانَهُ وَتَعَالَى.. لِأَنَّ كُلَّ الدِّيَانَاتِ جَاءَتْ لِكَيْ تُصَحِّحَ عُبُودِيَّتَنَا للهِ تَعَالَى.. وَكُلُّ رَسُولٍ مِنَ الرُّسُلِ يُرِيدُ أَنْ يَكُونَ قُدْوَةً لَنَا.. وَلَا بُدَّ أَنْ يَكُونَ قُدْوَةً فِي الْعُبُودِيَّةِ...

لِنُسَائِلْ:

الْعُبُودِيَّةُ لِمَنْ؟ وَمَا الْعُبُودِيَّةُ بِحَدِّ ذَاتِهَا إِلَّا كَلِمَةٌ مُرَّةٌ.. كَلِمَةٌ صَعْبَةٌ.. كَلِمَةٌ يَمْقُتُهَا النَّاسُ حَقاً.. وَلَكِنْ.. لِمَاذَا الْعُبُودِيَّةُ مَمْقُوتَةٌ؟ إِنَّ الْعُبُودِيَّةَ مَمْقُوتَةٌ حِينَمَا تَكُونُ مِنْ خُلُقِ الْخَلْقِ.. أَنْ يَكُونَ الْخَلْقُ عَبْداً لِخَلْقٍ.. لِمَاذَا؟ لِأَنَّ عُبُودِيَّةَ الْخَلْقِ تُعْطِي خَيْرَ الْعَبْدِ لِسَيِّدِهِ.. يَمْتَصُّ خَيْرَهُ.. يَأْمُرُهُ بِأَعْمَالٍ قَدْ لَا يُطِيقُهَا إِطْلَاقاً... أَمَّا عُبُودِيَّةُ الْخَلْقِ لِلْحَقِّ سُبْحَانَهُ وَتَعَالَى فَهِيَ تُعْطِي صُورَةً عَكْسِيَّةً تَمَاماً.. تُعْطِي خَيْرَ السَّيِّدِ لِلْعَبْدِ.. وَخَيْرَاتٍ لَا حُدُودَ لَهَا...

إِذاً.. إِنَّ الْعُبُودِيَّةَ هُنَا شَرَفٌ.. فَكُلَّمَا ازْدَادَتِ الْعُبُودِيَّةُ.. كُلَّمَا ازْدَادَ مَتْنُ الْعَطَاءِ مِنَ اللهِ سُبْحَانِهِ وَتَعَالَى.. تُخْلِصُ مِنَ الْعُبُودِيَّةِ.. فَيَفِيضُ عَلَيْكَ أَكْثَرُ عَطَائِهِ سُبْحَانَهُ...

إِذاً.. إِنَّ الْحَقَّ سُبْحَانَهُ وَتَعَالَى حِينَ قَالَ: ﴿سُبْحَانَ الَّذِي أَسْرَىٰ بِعَبْدِهِ.. أَعْطَانَا شِبْهَ الْحَيْثِيَّةِ.. وَكَلِمَةُ «بِعَبْدِهِ» أَيْضاً.. حَتَّى يُمْكِنَ الرَّدُّ عَلَى الَّذِينَ قَالُوا أَنَّهُ أُسْرِيَ بِهِ الرُّوحُ... لِأَنَّ كَلِمَةَ «الْعَبْدِ» لَا تُطْلَقُ إِلَّا عَلَى الرُّوحِ وَالْجَسَدِ.. هَلْ يُقَالُ عَلَى الرُّوحِ وَحْدَهَا «عَبْدٌ» لَا يُمْكِنُ ذَلِكَ.. وَلَا حَتَّى

He ﷻ says, "From the Sacred Mosque to the Farthest Mosque …" initially here. And of course, the Sacred House is the first house established for the people. We know its story and the story of our Master Ibrāhīm. And it would later be our qiblah. Since it is the first house erected for mankind, and it is the launch point of the call and the residence of the Messenger of Allah ﷺ, then, from it to where was the Isrāʾ? To the Farthest Mosque, which is also one of God's sacred places on Earth.

QUESTION

Was the Farthest Mosque, apropos, a mosque, even though the Messenger ﷺ did not pray in it, and even though it was not a mosque in the understood sense?

ANSWER

What does the word "mosque" mean? The word is a locational noun "for the place of prostration". And indeed, the word "prostration" appears in all messages, and there is a difference between something when used derivatively and when used as a proper noun. It remained a proper noun for us for the specific place. However, "mosque" is any place where prostration to Allah ﷻ occurs, and they also took it as a mosque for Allah ﷻ. The evidence is that Allah ﷻ said to Maryam, "O Maryam, indeed Allah has chosen you and purified you and chosen you above the women of the worlds … O Maryam, devote yourself to your Lord and prostrate and bow with those who bow."

عَلَى الْجَسَدِ وَحْدَهُ.. وَإِنَّمَا يُطْلَقُ عَلَى «النَّفْسِ» حِينَمَا يُوجَدُ فِيهَا الْمَادَّةُ وَالرُّوحُ ...

قَوْلُهُ تَعَالَى:

﴿مِّنَ الْمَسْجِدِ الْحَرَامِ إِلَى الْمَسْجِدِ الْأَقْصَى﴾.. اِبْتِدَائِيَّةٌ هُنَا.. «فِي الْمَسْجِدِ الْحَرَامِ».. وَبِالطَّبْعِ أَنَّ الْبَيْتَ الْحَرَامَ هُوَ أَوَّلُ بَيْتٍ وُضِعَ لِلنَّاسِ.. وَنَحْنُ نَعْرِفُ قِصَّتَهُ.. وَقِصَّةُ سَيِّدِنَا إِبْرَاهِيمَ.. وَسَيَكُونُ قِبْلَتَنَا. وَمَا دَامَ أَوَّلَ بَيْتٍ وُضِعَ لِلنَّاسِ.. وَهُوَ مُنْطَلَقُ الدَّعْوَةِ.. وَمَحَلُّ الْإِقَامَةِ لِرَسُولِ اللهِ ﷺ.. إِذاً.. الْإِسْرَاءُ مِنْهُ إِلَى أَيْنَ؟ إِلَى الْمَسْجِدِ الْأَقْصَى أَيْضاً.. مَشْهَدٌ «مُقَدَّسٌ» مِنْ مَشَاهِدِ اللهِ فِي الْأَرْضِ...

سُؤَالٌ

هَلْ كَانَ الْمَسْجِدُ الْأَقْصَى «بِالْمُنَاسَبَةِ» مَسْجِداً.. مَعَ أَنَّهُ لَمْ يَكُنْ قَدْ صَلَّى فِيهِ الرَّسُولُ عَلَيْهِ الصَّلَاةُ وَالسَّلَامُ وَلَمْ يَكُنْ مَسْجِداً بِالْمَعْنَى الْمَفْهُومِ ؟

جَوَابٌ

مَا مَعْنَى كَلِمَةُ «مَسْجِدٍ».. كَلِمَةُ مَسْجِدٍ اسْمُ مَكَانٍ «لِمَكَانِ السُّجُودِ».. وَإِنَّ كَلِمَةَ «السُّجُودِ» جَاءَتْ فِي كُلِّ الرِّسَالَاتِ.. وَهُنَاكَ فَرْقٌ بَيْنَ الشَّيْءِ حِينَمَا يُسْتَعْمَلُ وَصْفاً اِشْتِقَاقِيّاً.. وَبَيْنَ أَنْ يُسْتَعْمَلَ عِلْماً.. هِيَ بَقِيَتْ عِلْماً عِنْدَنَا عَلَى الْمَكَانِ الْخَاصِّ بِهِ.. إِنَّمَا «الْمَسْجِدُ» هُوَ كُلُّ مَكَانٍ يُسْجَدُ فِيهِ للهِ سُبْحَانَهُ وَتَعَالَى.. وَهُمْ اتَّخَذُوهُ أَيْضاً مَسْجِداً للهِ.. سُبْحَانَهُ وَتَعَالَى.. وَالدَّلِيلُ أَنَّ اللهَ سُبْحَانَهُ وَتَعَالَى قَالَ لِمَرْيَمَ: ﴿...يَا مَرْيَمُ إِنَّ اللَّهَ اصْطَفَاكِ

So, [it is] as if "prostration" exists in all messages, and also He ﷻ narrates to us the story of the People of the Cave saying, "Let us build a mosque over them." So, it is as if the word "mosque" did not come with Islam, but its use became popular in these places with Islam. Otherwise, any place where prostration to Allah ﷻ occurs is a mosque.

And when we address His ﷻ words, "Exalted is He who took His slave by night from the Sacred Mosque ...", we say: The Sacred Mosque is the first house laid down for the people. However, we must address this because some people wonder, "Does this refer to the one that our Master Ibrāhīm built?" We respond: No, it is a place for mankind. Since this has been established as a place for mankind, then its founder is other than a human being. And as long as people exist, and Ādam ﷺ was from mankind, there must have been a house for Allah ﷻ and it must have been placed before our Master Ādam ﷺ as they told us: The first house erected for mankind. Ādam is from mankind, and his children are from mankind, so the house was erected for them. As such, Ibrāhīm only raised its foundations. And we need to also know, first of all, that Ismāʿīl ﷺ had helped his father Ibrāhīm ﷺ in raising the foundations of the house. He ﷻ says, "And when Ibrāhīm was raising the foundations of the House and Ismāʿīl, (saying) 'Our Lord, accept [this] from us' ...". Thus, Ismāʿīl was described as helping his father build. But the Truth ﷻ narrates to us in another chapter His words, "Our Lord, indeed I have settled some of my descendants in an uncultivated valley near Your sacred

وَطَهَّرَكِ وَاصْطَفَاكِ عَلَىٰ نِسَاءِ الْعَالَمِينَ ... يَا مَرْيَمُ اقْنُتِي لِرَبِّكِ وَاسْجُدِي وَارْكَعِي مَعَ الرَّاكِعِينَ﴾... فَكَأَنَّ «السُّجُودَ» مَوْجُودٌ فِي كُلِّ الرِّسَالَاتِ.. وَأَيْضاً يَقُصُّ سُبْحَانَهُ وَتَعَالَى عَلَيْنَا قِصَّةَ أَهْلِ الْكَهْفِ فَيَقُولُ: ﴿لَنَتَّخِذَنَّ عَلَيْهِم مَّسْجِدًا﴾.. فَكَأَنَّ كَلِمَةَ «الْمَسْجِدِ» لَمْ تَأْتِ مَعَ الْإِسْلَامِ.. وَإِنَّمَا شَاعَ اسْتِعْمَالُهَا فِي هَذِهِ الْأَمَاكِنُ مَعَ الْإِسْلَامِ.. وَإِلَّا.. فَكُلُّ مَكَانٍ يُسْجَدُ للهِ سُبْحَانَهُ وَتَعَالَى فِيهِ يَكُونُ «مَسْجِداً»...

وَنَأْتِي لِقَوْلِهِ تَعَالَى: ﴿سُبْحَانَ الَّذِي أَسْرَىٰ بِعَبْدِهِ لَيْلًا مِّنَ الْمَسْجِدِ الْحَرَامِ﴾.. قُلْنَا: إِنَّ الْمَسْجِدَ الْحَرَامَ هَذَا هُوَ أَوَّلُ بَيْتٍ وُضِعَ لِلنَّاسِ.. وَلَكِنْ يَجِبُ أَنْ نُدْرِكَ ذَلِكَ.. فَإِنَّ بَعْضَ النَّاسِ تَسَاءَلُوا: هَلِ الَّذِي بَنَاهُ هُوَ سَيِّدُنَا إِبْرَهِيمُ عَلَيْهِ الصَّلَاةُ وَالسَّلَامُ؟ وَنَقُولُ لَهُمْ: .. لَا.. هُوَ مَوْضُوعٌ لِلنَّاسِ.. إِذَا مَا دَامَ هُوَ مَوْضُوعٌ لِلنَّاسِ.. فَيَكُونُ وَاضِعُهُ غَيْرَ النَّاسِ.. وَمَا دَامَ وُجِدَ نَاسٌ.. وَآدَمُ عَلَيْهِ السَّلَامُ مِنَ النَّاسِ.. فَلَا بُدَّ أَنْ يَكُونَ هُنَاكَ بَيْتٌ للهِ سُبْحَانَهُ وَتَعَالَى.. وَلَا بُدَّ أَنْ يَكُونَ هَذَا مَوْضُوعٌ قَبْلَ سَيِّدِنَا آدَمَ عَلَيْهِ السَّلَامُ كَمَا قَالُوا لَنَا: إِنَّ أَوَّلَ بَيْتٍ وُضِعَ لِلنَّاسِ. وَآدَمُ مِنَ النَّاسِ.. وَبَنُوهُ مِنَ النَّاسِ.. فَيَكُونُ الْبَيْتُ قَدْ وُضِعَ لَهُمْ.. وَإِنَّمَا إِبْرَاهِيمُ فَقَطْ رَفَعَ الْقَوَاعِدَ مِنْهُ.. رَفَعَ الْقَوَاعِدَ مِنَ الْبَيْتِ..

وَعَلَى كُلِّ حَالٍ يَجِبُ أَنْ نَعْلَمَ أَوَّلًا أَنَّ إِسْمَاعِيلَ عَلَيْهِ السَّلَامُ قَدْ سَاعَدَ أَبَاهُ إِبْرَاهِيمَ عَلَيْهِ السَّلَامُ فِي رَفْعِ قَوَاعِدِ الْبَيْتِ...

قَوْلُهُ تَعَالَى:

﴿وَإِذْ يَرْفَعُ إِبْرَاهِيمُ الْقَوَاعِدَ مِنَ الْبَيْتِ وَإِسْمَاعِيلُ رَبَّنَا تَقَبَّلْ مِنَّا﴾...

House, our Lord, that they may establish prayer." So, at the time of settlement, it was Hajar and her nursing child, but they were not near the actual house.

He ﷻ says, "From the Sacred Mosque to the Farthest Mosque …". Someone may ask: why from the Sacred Mosque to the Farthest Mosque? We say: because the Ka'bah had become worn and tattered as one of the houses of Allah ﷻ, and it no longer served that purpose. After that, it was called the House of the Arabs and polluted with idols. That was one thing.

As for Bayt al-Maqdis, it holds sanctity with Musa, 'Īsā, and the Prophets of the Banī Isrā'īl. The Messenger of Allah ﷺ was not sent to his people alone, i.e. he did not only target the Arabs as they want to claim. No, Muhammad ﷺ came universally. His Night Journey from Makkah to Bayt al-Maqdis was, as it were, the inclusion of Bayt al-Maqdis in the sanctity of his religion. This process clarifies that his religion is dominant over all lands and all holy places. And it is by this way (this universality) that we were first directed towards it. So, no one should come and say, "You have your religion and we have ours." No, it is correct that our religion came in Makkah, but it is dominant over all other scriptures, and our Messenger ﷺ is dominant over all holy places. And these sanctities are also included in our sanctities. Bayt al-Maqdis became part of our sanctities because it was the endpoint of the Prophet's ﷺ Night Journey and the beginning of his Ascension ﷺ.

Here, we approach and say, "The incident of the Isrā' [was] an 'earthly' incident. The meaning of its being

إذاً.. لَقَدْ كَانَ إِسْمَاعِيلُ فِي حَالٍ يُعِينُ أَبَاهُ عَلَى الْبِنَاءِ.. لَكِنَّ الْحَقَّ سُبْحَانَهُ وَتَعَالَى يَحْكِي لَنَا فِي سُورَةٍ أُخْرَى قَوْلَهُ تَعَالَى: ﴿رَّبَّنَا إِنِّي أَسْكَنتُ مِن ذُرِّيَّتِي بِوَادٍ غَيْرِ ذِي زَرْعٍ عِندَ بَيْتِكَ الْمُحَرَّمِ رَبَّنَا لِيُقِيمُوا الصَّلَاةَ﴾... فَسَاعَةَ الْإِسْكَانِ كَانَتْ هَاجَرُ وَابْنُهَا الرَّضِيعُ.. وَلَمْ يَكُنْ عِنْدَهُ هُوَ.. إذاً.. عِنْدَ بَيْتِكَ الْمُحَرَّمِ مَعْلُومَةٌ قَبْلَ أَنْ يَرْفَعَ اِبْرَاهِيمُ عَلَيْهِ السَّلَامُ الْقَوَاعِدَ مِنَ الْبَيْتِ.. فَيَكُونُ الْبَيْتُ لَيْسَ مِنْ وَضْعِ إِبْرَاهِيمَ عَلَيْهِ السَّلَامُ.. وَلَا مِنْ تَأْسِيسِ إِبْرَاهِيمَ عَلَيْهِ السَّلَامُ.. فَالْبَيْتُ وُضِعَ مِنْ قَبْلِ إِبْرَاهِيمَ عَلَيْهِ السَّلَامُ وَإِبْرَاهِيمُ عَلَيْهِ السَّلَامُ هُوَ الَّذِي رَفَعَ الْقَوَاعِدَ فَقَطْ.. وَلِأَنَّ اللهَ قَدْ قَالَ لَهُ: اذْهَبْ عِنْدَ الْبَيْتِ الْمُحَرَّمِ.. وَمَعْنَى الْبَيْتُ الْمُحَرَّمُ أَنَّهُ سَيَبْنِيهِ عِنْدَمَا يَكْبُرُ إِسْمَاعِيلُ.. فَإِذَا كَانَتِ «الْعِنْدِيَّاتُ» فِي الْمَسْجِدِ الْحَرَامِ مَعْلُومَةٌ قَبْلَ هَذَا فَالْقَوْلُ مَحْتُومٌ لَا مَفَرَّ مِنْهُ...

قَوْلُهُ تَعَالَى: ﴿مِّنَ الْمَسْجِدِ الْحَرَامِ إِلَى الْمَسْجِدِ الْأَقْصَى﴾.. يَأْتِي شَخْصٌ لِيَسْأَلَ: لِمَاذَا مِنَ الْمَسْجِدِ الْحَرَامِ إِلَى الْمَسْجِدِ الْأَقْصَى... نَقُولُ: لِأَنَّ الْكَعْبَةَ كَانَتْ قَدِ انْطَمَرَتْ كَبَيْتٍ مِنْ بُيُوتِ اللهِ سُبْحَانَهُ وَتَعَالَى.. وَلَمْ يَعُدْ لَهَا هَذَا الْمَظْهَرُ.. وَسُمِّيَتْ بَعْدَ ذَلِكَ بَيْتَ الْعَرَبِ.. وَشُحِنَتْ بِالْأَصْنَامِ.. هَذَا شَيْءٌ...

وَأَمَّا بَيْتُ الْمَقْدِسِ فَلَهُ قُدْسِيَّةٌ مَعَ مُوسَى وَعِيسَى.. وَأَنْبِيَاءِ بَنِي إِسْرَائِيلَ.. وَرَسُولُ اللهِ ﷺ لَمْ يُبْعَثْ لِقَوْمِهِ فَقَطْ.. أَيْ: لَمْ يَخُصَّ الْعَرَبَ فَقَطْ كَمَا يُرِيدُونَ هُمْ أَنْ يَقُولُوا.. لَا.. إِنَّ مُحَمَّداً ﷺ قَدْ جَاءَ عَالَمِيّاً.. فَإِسْرَاؤُهُ مِنْ مَكَّةَ إِلَى بَيْتِ الْمَقْدِسِ.. كَأَنَّهُ أَدْخَلَ بَيْتَ الْمَقْدِسِ فِي مُقَدَّسَاتِ دِينِهِ..

earthly is that, firstly, there were people in Bayt al-Maqdis. Secondly, there were people who would travel to Bayt al-Maqdis. Thirdly, there were people would see Bayt al-Maqdis. And, fourthly, people know the way to Bayt al-Maqdis.

This comprehensive interpretation reconciles the event's spiritual and physical dimensions while maintaining its miraculous nature. However, it is possible to erect for people a material evidence of his truthfulness in their saying, "Describe for us the mosque [al-Aqsa]. And he described the mosque."

The Quraysh's request for the Prophet ﷺ to describe Masjid al-Aqsa was itself a testimony that they knew he had not travelled there previously. If they even suspected he had visited the mosque before, they would not have asked for such a description. Their request was rooted in their certainty that he had never been there before. When the Prophet ﷺ described the mosque to them, they compared his description to their knowledge, as some among them had seen the mosque themselves. They found his account accurate and precise.

Afterwards, some sceptics speculated, "Perhaps someone knowledgeable about the mosque had described it to the Prophet ﷺ, and he merely relayed their description." However, this claim collapses under scrutiny due to the precise timing of the events.

The Prophet ﷺ described occurrences along the route he took upon returning to Makkah. He told the people about a group of travellers he had seen, their camel's unique characteristics, and specific events involving them.

وَهَذِهِ الْعَمَلِيَّةُ تُوَضِّحُ بِأَنَّ دِينَهُ مُهَيْمِنٌ عَلَى كُلِّ الْبِقَاعِ.. وَكُلِّ مُقَدَّسَاتِ الْبِقَاعِ.. وَكَذَلِكَ أَيْضاً اتَّجَهْنَا إِلَيْهِ أَوَّلاً: فَلاَ يَأْتِي وَاحِدٌ وَيَقُولُ: أَنْتُمْ لَكُمْ دِينُكُمْ.. وَنَحْنُ لَنَا دِينُنَا.. لاَ.. مِنَ الصَّحِيحِ أَنَّ دِينَنَا قَدْ جَاءَ فِي مَكَّةَ.. وَلَكِنَّهُ مُهَيْمِنٌ عَلَى سَائِرِ الْكُتُبِ.. وَرَسُولُنَا ﷺ مُهَيْمِنٌ عَلَى مُقَدَّسَاتِنَا.. وَهَذِهِ الْمُقَدَّسَاتُ دَاخِلَةٌ أَيْضاً فِي مُقَدَّسَاتِنَا.. وَأَصْبَحَ بَيْتُ الْمَقْدِسِ فِي مُقَدَّسَاتِنَا لِأَنَّهُ صَارَ مُنْتَهَى مَسْرَى النَّبِيِّ ﷺ وَبِدَايَةَ مِعْرَاجِهِ عَلَيْهِ الصَّلاَةُ وَالسَّلاَمُ..

نَأْتِي هُنَا وَنَقُولُ:

إِنَّ حَادِثَةَ الْإِسْرَاءِ.. حَادِثَةٌ «أَرْضِيَّةٌ» وَمَعْنَى أَرْضِيَّةٌ:

أَوَّلاً: أَنَّهُ كَانَ هُنَاكَ أُنَاسٌ فِي بَيْتِ الْمَقْدِسِ...

ثَانِياً: وَأُنَاسٌ ذَهَبُوا إِلَى بَيْتِ الْمَقْدِسِ...

ثَالِثاً: وَأُنَاسٌ رَأَوْا بَيْتَ الْمَقْدِسِ...

رَابِعاً: وَأُنَاسٌ يَعْرِفُونَ الطَّرِيقَ إِلَى بَيْتِ الْمَقْدِسِ...وَهَكَذَا بَقِيَتِ الْمَسْأَلَةُ هِيَ الْإِعْجَازُ فِي اخْتِصَارِ الزَّمَنِ.. وَلَكِنْ مِنَ الْمُمْكِنِ انْ يُقَامَ الدَّلِيلُ الْمَادِّيُ لِلنَّاسِ عَلَى صِدْقِهِ فِي هَذَا.. حِينَ قَالُوا لَهُ:

.صِفِ الْمَسْجِدَ؟ فَوَصَفَ الْمَسْجِدَ!

إِنَّ طَلَبَهُمْ لِوَصْفِ الْمَسْجِدِ مِنْ رَسُولِ اللهِ ﷺ.. هُوَ شَهَادَةٌ مِنْهُمْ بِأَنَّهُمْ يَعْلَمُونَ جَيِّداً بِأَنَّهُ لَمْ يَذْهَبْ إِلَى هُنَاكَ فِي رِحلاَتِهِ.. وَلَوْ كَانَتْ عِنْدَهُمْ شُبْهَةٌ فِي أَنَّهُ قَدْ ذَهَبَ.. لَمَا سَأَلُوهُ أَيَّ سُؤَالٍ: فَمَعْنَى طَلَبِهِمْ وَصْفَ الْمَسْجِدِ أَنَّهُمْ مُتَأَكِّدُونَ مِنْ عَدَمِ ذَهَابِهِ إِلَيْهِ قَبْلَ ذَلِكَ.. فَوَصَفَ لَهُمْ

He instructed his listeners to verify these details with the travellers when they arrived.

Indeed, when the caravans reached Makkah, the people discovered that the events the Prophet ﷺ described had occurred exactly as he had stated. This tangible evidence proved his truthfulness and validated his journey to Jerusalem.

Through such material evidence, the Prophet ﷺ established a credible argument for the earthly portion of his journey. He described the mosque in Jerusalem accurately and recounted specific events along his return route – events that could only have been observed at the precise times he described them.

Once this was accepted, it became clear that Allah ﷻ had overridden the natural laws of time for His Messenger ﷺ. If the physical evidence convinced people that the Prophet ﷺ had travelled an impossible distance in an incredibly short time, it follows logically that the same Divine Power could lift him to the Heavens.

Thus, belief in that which is in our hands of the proofs that we know become a medium for our arrival at confirmation, such that we say, "The One who suspended the normal rules of distance in that which we know is capable of suspending the normal rules of elevation in that which we do not know."

In that case, the Isrāʾ serves as a sociable introduction for the human intellect to confirm the truthfulness of the Messenger ﷺ in his reports about the Miʿrāj, because the matter will have been settled through it. Indeed, Allah ﷻ suspended the ordinary rules of time and the rules of dis-

الْمَسْجِدَ.. وَالَّذِينَ يَسْمَعُونَهُ قَوْمٌ رَأَوُا الْمَسْجِدَ.. فَقَدْ وَجَدُوا أَنَّ الْوَصْفَ مُطَابِقٌ لِمَا قَالَ..

بَعْدَ ذَلِكَ.. يَأْتِي أَحَدُهُمْ لِيَقُولَ: رُبَّمَا كَانَ هُنَاكَ إِنْسَانٌ «حَاذِقٌ» قَدْ وَصَفَ الْمَسْجِدَ لِرَسُولِ اللهِ ﷺ.. وَرَسُولُ اللهِ نَقَلَ وَصْفَ الْمَسْجِدِ عَنْهُ! وَلَكِنِّي أَقُولُ: لَا.. وَذَلِكَ لِأَنَّ الْأَمْرَ الْمَادِّيَ ارْتَبَطَ بِتَوْقِيتٍ زَمَنِيٍّ يَسْتَحِيلُ فِيهِ أَنْ يَكُونَ ذَلِكَ.. كَيْفَ؟ إِنَّ الطَّرِيقَ الَّذِي يَعُودُ مِنْهُ رَسُولُ اللهِ ﷺ إِلَى مَكَّةَ.. حَدَثَتْ فِيهِ أَحْدَاثٌ.. وَالْأَحْدَاثُ رَآهَا رَسُولُ اللهِ ﷺ.. وَحَدَّثَ بِهَا لِلْقَوْمِ.. رَأَى جَمَاعَةً وَمَعَهُمْ جَمَلٌ وَصْفُهُ كَذَا.. وَتَحَدَّثَ لَهُمْ عَنْ كَذَا وَكَذَا.. وَحِينَ يُقْبِلُونَ عَلَيْكُمُ الْيَوْمَ اسْأَلُوهُمْ عَمَّا حَدَثَ...

إِذاً.. لَقَدْ وَصَفَ أَشْيَاءَ رَآهَا فِي طَرِيقِ الْعَوْدَةِ.. وَبَعْدَ أَيَّامٍ يَتَرَبَّصُ الْقَوْمُ الْقَوَافِلَ الَّتِي سَتَحْضُرُ.. فَيَجِدُونَ كَمَا قَالَ رَسُولُ اللهِ ﷺ فِي الطَّرِيقِ.. إِذاً.. مِنَ الْمُمْكِنِ أَنْ يُقَامَ الدَّلِيلُ الْمَادِيُّ الَّذِي يُقْنِعُ الْعَقْلَ عَلَى أَنَّ رَسُولَ اللهِ ﷺ قَدْ ذَهَبَ إِلَى بَيْتِ الْمَقْدِسِ...

وَبِذَلِكَ فَقَدْ أَقَامَ عَلَيْهِ الصَّلَوَاتِ وَأَفْضَلُ التَّسْلِيمِ.. أَقَامَ الدَّلِيلَ فِي الْمَكَانِ فَوَصَفَهُ.. وَفِي الطَّرِيقِ فَتَكَلَّمَ عَنْ أَمَارَاتٍ فِيهِ لَمْ تُوجَدْ إِلَّا فِي الْوَقْتِ الَّذِي مَرَّ فِيهِ.. وَمَا هَذَا إِلَّا دَلِيلٌ عَلَى أَنَّهُ صَادِقٌ فِيمَا قَالَ.. وَمَا دَامَ صَادِقاً فِيمَا قَالَ فَمَا هِيَ إِذاً مَسْأَلَةُ الزَّمَنِ هَذِهِ؟ إِنَّ اللهَ سُبْحَانَهُ وَتَعَالَى قَدْ خَرَقَ لَهُ قَانُونَ الزَّمَنِ.. فَإِذَا اقْتَنَعْنَا بِأَنَّ اللهَ سُبْحَانَهُ وَتَعَالَى قَدْ خَرَقَ لَهُ الْقَانُونَ الزَّمَنِيَّ بِالِاسْتِدْلَالِ عَلَيْهِ بِالْأَدِلَّةِ الْمَادِيَّةِ الَّتِي نَعْرِفُهَا.. ثُمَّ حَدَثَ

tance, and He is the Doer. And He is the One who carried him with His strength. Thus, the One who did that in that which we know through evidence from the description and the way is capable of suspending the ordinary rules of Heaven and of space, and other ordinary rules. Thus, it is as if the event of the Isrā' is a sociable introduction for the intellect to accept the Hadith of the Miʿrāj. The Qur'an explicitly addresses the Isrā' with clarity but mentions the Miʿrāj indirectly. For example, Allah ﷻ does not state, "Glorified is He who took His servant from Jerusalem to the Sidrah al-Muntahā" but rather provides descriptions that necessitate belief in the Miʿrāj.

The verses in Sūrah al-Najm state:

By the star when it descends,
Your Companion [Muhammad] has not strayed nor has he erred,
Nor does he speak from [his own] inclination.
It is not but a revelation revealed,
Taught to him by one intense in strength –
One of soundness. And he rose to [his] true form
While he was in the higher [part of the] horizon.
Then he approached and descended,
And was at a distance of two bow lengths or nearer.
And he revealed to His servant what he revealed.
The heart did not lie [about] what it saw.
So will you dispute with him over what he saw?
And he certainly saw him another time,
At the Lote Tree of the Utmost Boundary –
Near it is the Garden of Refuge –

بَعْدَ ذَلِكَ قَائِلاً: إِنَّهُ خَرَقَ لِي الْقَانُونُ.. فَصَعِدَتْ إِلَى السَّمَاءِ فَيَكُونُ إِيمَاناً بِمَا كَانَ تَحْتَ أَيْدِينَا مِنَ الْحُجَجِ الَّتِي نَعْرِفُهَا.. يَجْعَلُهَا وَسِيلَةً إِلَى أَنْ نُصَدِّقَ وَنَقُولَ: الَّذِي خَرَقَ لَهُ قَانُونَ الْمَسَافَةِ فِيمَا نَعْلَمُ.. قَادِرٌ عَلَى أَنْ يَخْرِقَ لَهُ قَانُونَ الْعُلُوِّ فِيمَا لَا نَعْلَمُ...وَحِينَئِذٍ يَكُونُ الْإِسْرَاءُ كَمُقَدِّمَةٍ إِينَاسِيَّةٍ لِلْعَقْلِ الْبَشَرِيِّ.. يُصَدِّقُ الرَّسُولَ ﷺ فِي أَخْبَارِهِ عَنِ الْمِعْرَاجِ.. لِأَنَّ الْمَسْأَلَةَ سَنَنْتَهِي مِنْهَا.. إِنَّ اللهَ سُبْحَانَهُ وَتَعَالَى قَدْ خَرَقَ لَهُ قَانُونَ الزَّمَنِ.. وَقَانُونَ الْمَسَافَةِ.. وَهُوَ الْفَاعِلُ.. وَهُوَ الْحَامِلُ بِقُوَّتِهِ.. فَيَكُونُ الَّذِي فَعَلَ لَهُ ذَلِكَ فِيمَا نَعْلَمُ بِالْاِسْتِدْلَالِ مِنَ الْوَصْفِ وَمِنَ الطَّرِيقِ.. قَادِرٌ عَلَى أَنْ يَخْرِقَ لَهُ قَانُونَ السَّمَاءِ وَقَانُونَ الْجَوِّ.. وَقَانُونَ كَذَا.. وَقَانُونَ كَذَا.. فَكَأَنَّ حَدَثَ الْإِسْرَاءِ كَانَ مُقَدِّمَةً لِتُؤْنِسَ الْعَقْلَ بِقَبُولِ حَدِيثِ الْمِعْرَاجِ...هُنَا نَقِفُ وَقْفَةً.. إِنَّ الْقُرْآنَ حِينَمَا تَعَرَّضَ لِحَدِيثِ الْإِسْرَاءِ.. تَعَرَّضَ لَهُ صَرَاحَةً.. وَحِينَمَا جَاءَ لِحَدَثِ الْمِعْرَاجِ.. تَعَرَّضَ لَهُ كَمَا يَقُولُونَ الْتِزَاماً.. لِأَنَّهُ سُبْحَانَهُ وَتَعَالَى لَمْ يَقُلْ: سُبْحَانَ الَّذِي عَرَجَ بِهِ مِنْ بَيْتِ الْمَقْدِسِ إِلَى «مَثَلاً» سِدْرَةِ الْمُنْتَهَى.. لَمْ يَقُلْ هَذَا.. إِنَّمَا قَالَ لَنَا أَشْيَاءَ تَسْتَلْزِمُ أَنَّهُ صَعِدَ...قَوْلُهُ تَعَالَى:

﴿وَالنَّجْمِ إِذَا هَوَىٰ، مَا ضَلَّ صَاحِبُكُمْ وَمَا غَوَىٰ، وَمَا يَنطِقُ عَنِ الْهَوَىٰ، إِنْ هُوَ إِلَّا وَحْيٌ يُوحَىٰ، عَلَّمَهُ شَدِيدُ الْقُوَىٰ، ذُو مِرَّةٍ فَاسْتَوَىٰ، وَهُوَ بِالْأُفُقِ الْأَعْلَىٰ، ثُمَّ دَنَا فَتَدَلَّىٰ، فَكَانَ قَابَ قَوْسَيْنِ أَوْ أَدْنَىٰ، فَأَوْحَىٰ إِلَىٰ عَبْدِهِ مَا أَوْحَىٰ، مَا كَذَبَ الْفُؤَادُ مَا رَأَىٰ، أَفَتُمَارُونَهُ عَلَىٰ مَا يَرَىٰ، وَلَقَدْ رَآهُ نَزْلَةً أُخْرَىٰ، عِندَ سِدْرَةِ الْمُنتَهَىٰ، عِندَهَا جَنَّةُ الْمَأْوَىٰ، إِذْ يَغْشَى السِّدْرَةَ

When there covered the Lote Tree that which covered [it].

The sight [of the Prophet] did not swerve, nor did it transgress [its limit].

He certainly saw of the greatest signs of his Lord.

(*al-Najm*, 1–18)

Thus, regarding the Lote Tree of the Utmost Boundary and standing near it, we must know that the Messenger of Allah ﷺ ascended. But why was it not mentioned explicitly in the text? They say that this is from Allah's mercy to His creation. This is the matter that allowed the Messenger of Allah ﷺ to establish tangible evidence for the inhabitants of Earth, and he came forth plainly so that no excuse remains in conveying it.

As for the matters that may somewhat perplex the minds, it was left by Allah to the extent of your faithful certainty or your submission to the premise that follows another outcome. Because as long as you are a believer, you will say, "As long as He has done so in what I know, then He does so in what I do not know." For where He has established one law, He has suspended another law. What, then, is the negation if the law is the same? Are the laws of the Heavens too difficult for Allah, while the laws of Earth are not difficult for Allah, since they are beyond laws and norms? And are not the miracles that Allah endowed His Messengers ﷺ with breaches of the universal laws, their rules, and established facts? And since they are breaches, it should not be surprising that they occurred for the Messenger of Allah ﷺ.

مَا يَغْشَىٰ، مَا زَاغَ الْبَصَرُ وَمَا طَغَىٰ، لَقَدْ رَأَىٰ مِنْ آيَاتِ رَبِّهِ الْكُبْرَىٰ﴾...
إذاً.. سِدْرَةُ الْمُنْتَهى.. وَالْوُقُوفُ عِنْدَهَا يَجِبُ أَنْ نَعْلَمَ أَنَّ رَسُولَ اللهِ ﷺ..
صَعَدَ.. لَكِنْ لِمَاذَا لَمْ يَأْتِ بِهَا نَصاً؟ قَالُوا: إِنَّ هَذَا مِنْ رَحْمَةِ اللهِ سُبْحَانَهُ
وَتَعَالَى بِخَلْقِهِ.. الْأَمْرُ الَّذِي أَمْكَنَ رَسُولَ اللهِ ﷺ أَنْ يُقِيمَ الدَّلِيلَ الْمَادِّيَّ
لِسُكَّانِ الْأَرْضِ.. وَقَدْ أَتَى بِهِ صَرَاحَةً حَتَّى لَا نَعْذِرَ فِي تَبْلِيغِهِ...
أَمَّا الْأَمْرُ الَّذِي قَدْ تَقِفُ فِيهِ الْعُقُولُ بَعْضَ الشَّيْءِ.. فَقَدْ تَرَكَهُ سُبْحَانَهُ
وَتَعَالَى لِمَدَى يَقِينِكَ الْإِيمَانِيِّ أَوْ مَدَى تَسْلِيمِكَ بِالْمُقَدِّمَةِ الَّتِي تَلِي
النَّتِيجَةَ الْأُخْرَى.. لِأَنَّكَ أَنْتَ مَا دُمْتَ مُؤْمِناً.. فَسَتَقُولُ: «مَادَامَ
صَنَعَ بِهِ كَذَا فِيمَا أَعْلَمُ.. إذاً.. هُوَ يَصْنَعُ بِهِ كَذَا فِيمَا لَا أَعْلَمُ».. لِأَنَّهُ
حِينَ يَكُونُ قَدْ طَرَقَ لَهُ الْقَانُونَ.. يَكُونُ قَدْ خَرَقَ لَهُ الْقَانُونَ.. فَمَا الْمَانِعُ
إِذَا مَا دَامَتْ صِيغَةُ الْقَانُونِ.. هِيَ .هِيَ.. أَيَكُونُ قَانُونُ السَّمَاءِ صَعْبٌ
عَلَى اللهِ سُبْحَانَهُ وَتَعَالَى وَقَوَانِينُ الْأَرْضِ لَيْسَتْ صَعْبَةً عَلَى اللهِ سُبْحَانَهُ
وَتَعَالَى.. مَا دَامَ غَيْرَ الْقَوَانِينِ.. وَغَيْرَ النَّوَامِيسِ؟ وَهَلِ الْمُعْجِزَاتُ الَّتِي
أَمَدَّ اللهُ سُبْحَانَهُ وَتَعَالَى رُسُلَهُ عَلَيْهِمُ الصَّلَاةُ وَالسَّلَامُ إِلَّا خَرْقٌ لِنَوَامِيسِ
الْكَوْنِ.. وَخَرْقٌ لِقَوَانِينِهِ.. وَخَرْقٌ لِحَقَائِقِهِ الثَّابِتَةِ.. وَمَا دَامَتْ هِيَ
خَرْقٌ.. إذاً.. فَلَا يَسْتَبْعِدُ أَنْ تَحْدُثَ لِرَسُولِ اللهِ ﷺ.. وَإِلَّا!
فَمَثَلاً: إِنَّ الْفَلَاسِفَةَ حِينَمَا قَالُوا: صَحِيحٌ أَنَا مُؤْمِنٌ بِأَنَّ هُنَاكَ رَبٌّ خَالِقٌ
لِهَذَا الْكَوْنِ.. وَلَكِنِّي أَقُولُ: أَنَّ اللهَ خَلَقَ الْكَوْنَ.. وَخَلَقَ حَقَائِقَهُ..
وَتَرَكَ الْحَقَائِقَ تَعْمَلُ عَمَلَهَا.. فَالنَّوَامِيسُ هِيَ الَّتِي تَعْمَلُ.. هَذَا مَعْنَاهُ أَنَّ
اللهَ سُبْحَانَهُ وَتَعَالَى بَاشَرَ سُلْطَانَهُ فِي مُلْكِهِ مَرَّةً وَاحِدَةً.. خَلَقَ الْقَوَانِينَ فِي

For example, when the philosophers said, "It is true that I believe there is a Lord, Creator of this universe", I say: Allah created the universe and its realities and left the realities to do their work. The laws are what operate. This means that Allah exercised His sovereignty in His kingdom once. He created the laws in many things and made the norm deviate in many things.

We should know that above the law is the Creator of the law who can make the law effectual and can make the law not effectual. So came the miracles. All the miracles that occurred for the Messengers were breaches of the norms. Otherwise, the norm remains in the flowing waters of its riverbed.

There are no waters that stop like this and waters that stop like that. Nor does Musa ﷺ strike the sea so that it drowns this and that like a great mountain. This is a breach of the norm. And fire by its nature burns, and Ibrāhīm is thrown into the fire. The purpose of throwing Ibrāhīm ﷺ into the fire was not to save him from it; otherwise, Allah would not have enabled the disbelievers to capture him or would have sent, for example, a cloud that covers and extinguishes the fire. But the intent was that Ibrāhīm be thrown into the fire, and the fire remains fire, except that the law of burning is suspended in it. Otherwise, if the fire had been extinguished by rain, the disbelievers would have said that if this rain had not come, we would have burned him. No – they seized him, tied him up, and threw him into the fire, and the fire remains a fire, [but one] that does not burn. This is the breach of the norm. What is Truth? He is the breaker of the norm, and

كَثِيرٍ مِنَ الْأَشْيَاءِ.. وَأَنْ يَشُذَّ النَّامُوسَ فِي كَثِيرٍ مِنَ الْأَشْيَاءِ..

لِنَعْلَمَ أَنَّ فَوْقَ الْقَانُونِ.. خَالِقُ الْقَانُونِ الَّذِي يَسْتَطِيعُ أَنْ يَجْعَلَ الْقَانُونَ يُعْطِي.. وَيَسْتَطِيعُ أَنْ يَجْعَلَ الْقَانُونَ لَا يُعْطِي.. فَجَاءَتِ الْمُعْجِزَاتُ.. كُلُّ الْمُعْجِزَاتِ الَّتِي حَدَثَتْ لِلرُّسُلِ خَرْقٌ لِلنَّوَامِيسِ.. وَإِلَّا فَالنَّامُوسُ فِي الْمِيَاهِ السُّيُولَةِ وَالْاِسْتِطْرَاقِ...

لَيْسَتْ هُنَاكَ مِيَاهٌ تَقِفُ هَكَذَا.. وَمِيَاهٌ تَقِفُ هَكَذَا!

وَلَا يَضْرِبُ مُوسَى عَلَيْهِ السَّلَامُ الْبَحْرَ فَتُغْرِقُ هَذَا.. وَذَاكَ كَالطَّوْدِ الْعَظِيمِ.. فَهَذَا خَرْقٌ لِلنَّامُوسِ...

وَالنَّارُ مِنْ طَبِيعَتِهَا أَنَّهَا تُحْرِقُ.. وَيُلْقَى إِبْرَاهِيمُ فِي النَّارِ.. وَإِلْقَاءُ إِبْرَاهِيمَ عَلَيْهِ السَّلَامُ فِي النَّارِ لَيْسَ الْمَقْصُودُ مِنْهُ نَجَاةَ إِبْرَاهِيمَ مِنْهَا.. وَإِلَّا لَوْ كَانَ الْمَقْصُودُ نَجَاةُ إِبْرَاهِيمَ عَلَيْهِ السَّلَامُ.. لَمَا مَكَّنَ اللهُ سُبْحَانَهُ وَتَعَالَى الْكُفَّارَ مِنَ الْقَبْضِ عَلَيْهِ.. أَوْ كَانَ قَدْ أَرْسَلَ سَحَابَةً مَثَلًا تُغِيمُ وَتُطْفِئُ النَّارَ.. وَلَكِنِ الْمُرَادُ أَنَّ إِبْرَاهِيمَ يُطْرَحُ فِي النَّارِ.. وَتَظَلُّ النَّارُ نَاراً.. إِلَّا أَنَّ نَامُوسَ الْإِحْرَاقِ يَتَعَطَّلُ فِيهَا.. وَإِلَّا فَلَوْ انْطَفَأَتْ النَّارُ بِالْمَطَرِ.. لَقَالَ الْكُفَّارُ إِنْ لَمْ يَكُنْ هَذَا الْمَطَرُ قَدْ جَاءَ.. لَكُنَّا قَدْ أَحْرَقْنَاهُ.. لَا . فَقَدْ أَمْسَكُوا بِهِ وَقَيَّدُوهُ.. وَرَمُوا بِهِ فِي النَّارِ.. وَالنَّارُ تَظَلُّ نَاراً.. ذَلِكَ لَا تُحْرِقُ.. هَذَا هُوَ خَرْقُ النَّامُوسِ...

مَاذَا الْحَقُّ هُوَ خَارِقُ النَّامُوسِ.. وَيَخْرِقُ النَّامُوسُ مَتَى شَاءَ.. فَيَكُونُ الَّذِي آمَنَ بِأَنَّ رَسُولَ اللهِ ﷺ أُسْرِيَ بِهِ مِنْ مَكَّةَ إِلَى بَيْتِ الْمَقْدِسِ.. وَاسْتَطَاعَ أَنْ يُقِيمَ الدَّلِيلَ الْمَادِّيَّ الْأَرْضِيَّ وَاجِبٌ عَلَيْهِ الْإِيمَانُ بِالْمِعْرَاجِ

breaks the norm whenever He wishes. So the one who believed that the Messenger of Allah ﷺ was taken on a night journey from Makkah to Jerusalem, and was able to establish the earthly tangible evidence, must believe in the Ascension without tangible evidence. For in the Miʿrāj is that which emphasizes the one who elevated to Heaven in order to be given its orders.

Would they have asked him, "Describe to us the Sidrah al-Muntahā (Lote Tree of the Furthest Boundary) and the path leading to it"? They had no knowledge of Sidrah al-Muntahā or the path leading to it. Out of His mercy, Allah ﷻ provided explicit textual evidence for the Isrāʾ, which could be supported by material proof because it occurred on Earth. On the other hand, the Miʿrāj, being a heavenly event, was mentioned implicitly.

For this reason, scholars have stated that denying the Isrāʾ constitutes disbelief, as it contradicts explicit Qurʾanic text. Denying the Miʿrāj, however, does not constitute disbelief but rather immorality, as it relies on inferred evidence rather than explicit textual proof.

دُونَ دَلِيلٍ مَادِّيٍ.. وَإِلَّا.. فَفِي الْمِعْرَاجِ مَا يُؤَكِّدُ.. مَنِ الَّذِي صَعَدَ إِلَى السَّمَاءِ لِيُعْطِي أَمَّارَاتِهَا...

هَلْ سَيَقُولُونَ لَهُ: صِفْ لَنَا سِدْرَةَ الْمُنْتَهَى؟ وَصِفْ لَنَا الطَّرِيقَةَ إِلَيْهَا؟ هُمْ لَا يَعْرِفُونَ شَيْئاً عَنْ سِدْرَةِ الْمُنْتَهَى.. وَلَا يَعْرِفُونَ وَصْفَ الطَّرِيقِ إِلَيْهَا.. وَالْحَقُّ سُبْحَانَهُ وَتَعَالَى رَحْمَةً بِنَا جَعَلَ النَّصَّ عَلَى «الْإِسْرَاءِ» الَّذِي يُقَامُ عَلَيْهِ الدَّلِيلُ الْمَادِّيُّ.. «لِأَنَّهُ أَرْضِيٌّ» بِالنَّصِّ الصَّرِيحِ.. وَجَعَلَ «الْمِعْرَاجَ» بِالْإِلْتِزَامِ «لِأَنَّهُ سَمَاوِيٌّ»..

لِذَلِكَ قَالَ الْعُلَمَاءُ: إِنَّ الَّذِي يُكَذِّبُ «الْإِسْرَاءَ» يَكُونُ كَافِراً.. لِأَنَّهُ صَادِمٌ النَّصَّ.. وَالَّذِي يُكَذِّبُ «الْمِعْرَاجَ» لَا يَكُونُ كَافِراً فَحَسْبُ بَلْ فَاسِقاً.. لِأَنَّ الْإِسْرَاءَ بِالنَّصِّ الصَّرِيحِ.. وَالْمِعْرَاجُ بِدَلَالَةِ الْإِلْتِزَامِ...

THE ISRĀʾ AS EVIDENCE FOR THE MIʿRĀJ

QUESTION

The Qurʾanic verses dealing with the Isrāʾ and Miʿrāj seem to present different perspectives. In one instance, it states, "… that We might show him of Our signs", while elsewhere, regarding the Miʿrāj, it says, "He certainly saw." At one point, it is Allah ﷻ showing the signs, while at another, it is the Prophet ﷺ seeing them himself. How do we reconcile these perspectives?

Additionally, the visions the Prophet ﷺ experienced – such as the choice between milk and wine and the scenes illustrating the rewards for the righteous and the punishments for those who devour orphans' wealth or engage in usury – represent moral and social lessons. Furthermore, the Prophet ﷺ leading the other prophets in prayer holds significant meaning. What is its implication?

Finally, there's the question of why most prophets encountered during the Miʿrāj were from Banī Isrāʾīl. Some might interpret the Prophet's ﷺ exchanges with Allah ﷻ and Musa (as mentioned in the authentic Hadith) as suggesting Musa held some form of guardianship over Muhammad's ﷺ Ummah. What is the proper understanding of these matters?

These are some of the thoughts that perhaps pass secretly over the mind of some people, though they do not repeat it out loud. That is why we are careful to refute

الْإِسْرَاءُ دَلِيلٌ عَلَى وُقُوعِ الْمِعْرَاجِ

سُؤَالٌ

فَضِيلَةَ الشَّيْخِ: مِنْ هَذِهِ الْمَوْضُوعَاتِ أَنَّ الآيَاتَ الَّتِي تَتَنَاوَلُ قَضِيَّةَ «الْإِسْرَاءَ وَالْمِعْرَاجَ فِي الْقُرْآنِ».. بَعْضُهَا يَتَحَدَّثُ عَنْ «.. لِنُرِيَهُ مِن آيَاتِنَا».. ثُمَّ فِي مَوْضِعٍ آخَرَ وَهُوَ فِي الْحَدِيثِ عَنِ الْمِعْرَاجِ.. يَقُولُ الْقُرْآنُ «لَقَدْ رَأَىٰ» إِذاً.. فَمَرَّةً فِيهِ إِرَاءَةٌ مِنَ اللهِ سُبْحَانَهُ وَتَعَالَى.. وَمَرَّةً هُوَ رَأَى بِنَفْسِهِ.. فَهَذِهِ مَسْأَلَةٌ تَحْتَاجُ إِلَى جَوَابٍ مُقْنِعٍ.. الْمَرَائِي نَفْسُهَا.. نَحْنُ نَعْرِفُ مَثَلاً الْمَوْقِفَ الَّذِي خُيِّرَ فِيهِ رَسُولُ اللهِ ﷺ بَيْنَ اللَّبَنِ وَالْخَمْرِ .. وَالْمَشْهَدَ الَّذِي يُبَيِّنُ ثَوَابَ الْمُجَاهِدِينَ.. وَالْمَشْهَدَ الَّذِي يُبْرِزُ نَتِيجَةَ آكِلِ أَمْوَالِ الْيَتَامَى.. وَالْمَشْهَدَ الَّذِي يُبَيِّنُ عَاقِبَةَ الرِّبَا وَالْمَرَائِي الَّتِي عَبَّرَتْ عَنْ هَذِهِ الْأَوْضَاعِ وَالْأَمْرَاضِ الْاِجْتِمَاعِيَّةِ وَالْخُلُقِيَّةِ فِي الْمُجْتَمَعِ.. كُلُّ هَذِهِ مَسَائِلُ نَحْتَاجُ إِلَى الْحَدِيثِ عَنْهَا.. فَضْلاً عَنْ صَلَاةِ رَسُولِ اللهِ ﷺ إِمَاماً بِالْأَنْبِيَاءِ وَالْمُرْسَلِينَ.. مَا مَعْنَاهَا؟ وَمَا دَلَالَتُهَا؟ ثُمَّ هُنَاكَ مَوْضُوعٌ آخَرُ خَطِيرٌ.. وَهُوَ مَسْأَلَةُ أَنَّ أَكْثَرَ الْأَنْبِيَاءِ الَّذِي مَرَّ عَلَيْهِمُ الرَّسُولُ ﷺ فِي الْمِعْرَاجِ هُمْ مِنْ أَنْبِيَاءِ بَنِي إِسْرَائِيلَ.. وَمَسْأَلَةُ تَرَدُّدِ رَسُولِ اللهِ ﷺ بَيْنَ رَبِّهِ وَبَيْنَ مُوسَى عَلَيْهِ السَّلَامُ وَمَا تَصَوَّرَهُ الْبَعْضُ «رَغْمَ صِحَّةِ الْحَدِيثِ» مِنْ أَنَّ هَذَا قَدْ يُوحِي بِنَوْعٍ مِنْ وِصَايَةِ سَيِّدِنَا مُوسَى عَلَيْهِ السَّلَامُ عَلَى أُمَّةِ مُحَمَّدٍ ﷺ..

هَذِهِ بَعْضُ الْخَوَاطِرِ رُبَّمَا مَرَّتْ سِراً فِي أَذْهَانِ بَعْضِ النَّاسِ.. وَلَمْ

them. And we will begin with the principal matter, meaning the matter of the vision, i.e. "He saw" and "We show him".

ANSWER

All praise is due to Allah for the blessing of belief in Him and the honour of practising Islam for His sake. Peace and blessings be upon our Master Muhammad, the Seal of Prophets, the mercy to all worlds.

In our previous discussion in this book, we concluded with the event of al-Isrāʾ and how Allah ﷻ presented it in His Noble Book, beginning with the word *subḥān* (Glorified is He). We explained the significance conveyed by this opening, where *subḥān* denotes *tasbīḥ* – the glorification of Allah. The essence of glorification lies in elevating the Divine Self above the attributes of creation, elevating the actions of the Divine above any resemblance to the actions of creation, and elevating the attributes of the Divine above any similarity to the attributes of creation.

When we approach Allah's actions from this perspective – one of glorification and transcendence – it becomes necessary to attribute to Him the actions that He ascribes to Himself.

We have previously stated that every action must be understood in relation to the law and the power of the one performing it. The power of the doer illustrates his capability to carry out an action, or lack thereof. We also mentioned that Allah ﷻ attributed the Isrāʾ to Himself, not to His Messenger ﷺ. Allah said, "Glorified is He who

يُرَدِّدُوهَا بِصَوْتٍ عَالٍ.. لِهَذَا نَحْرِصُ عَلَى طَرْحِهَا.. وَنَبْدَأُ بِالْمَوْضُوعِ الْأَوَّلِ.. مَوْضُوعُ الْإِرَاءَةِ أَوِ الرُّؤْيَةِ. أَيْ رَأَى وَنُرِيَهُ... وَيَتَحَدَّثُ فَضِيلَةُ

جَوابٌ

الْحَمْدُ للهِ عَلَى نِعْمَةِ الْإِيمَانِ بِهِ.. وَشَرَفِ الْإِسْلَامِ لَهُ.. وَأُصَلِّي وَأُسَلِّمُ عَلَى سَيِّدِنَا مُحَمَّدٍ النَّبِيِّ الْخَاتِمِ الرَّحْمَةُ..

وَبَعْدُ:

لَقَدِ انْتَهَيْنَا فِي مَوْضُوعِنَا السَّابِقِ فِي هَذَا الْكِتَابِ إِلَى حَدَثِ «الْإِسْرَاءِ».. وَكَيْفَ عَرَضَهُ الْحَقُّ سُبْحَانَهُ وَتَعَالَى فِي كِتَابِهِ الْكَرِيمِ مُسْتَهِلًا لَهُ بِكَلِمَةِ «سُبْحَانَ».. وَأَعْطَيْنَا الْإِشَارَةَ الَّتِي تُوصِي بِهَا هَذِهِ هَذِهِ الْبِدَايَةُ فِي أَنَّ «سُبْحَانَ» مَعْنَاهَا التَّنْزِيهُ.. وَمَعْنَى التَّنْزِيهُ الْارْتِفَاعُ بِذَاتِ الْحَقِّ عَنْ ذَوَاتِ الْمَخْلُوقِينَ.. وَالْارْتِفَاعُ بِفِعْلِ الْحَقِّ عَنْ مُشَابَهَتِهِ لِفِعْلِ الْمَخْلُوقِينَ.. وَالْارْتِفَاعُ بِصِفَاتِ الْحَقِّ عَنْ مُشَابَهَتِهِ لِصِفَاتِ الْمَخْلُوقِينَ.. وَإِذَا كُنَّا نَأْخُذُ فِعْلَ اللهِ سُبْحَانَهُ وَتَعَالَى مِنْ هَذِهِ الزَّاوِيَةِ وَهِيَ زَاوِيَةُ التَّنْزِيهِ.. فَيَجِبُ أَنْ نَنْسِبَ الْفِعْلَ الَّذِي نَسَبَ اللهُ سُبْحَانَهُ وَتَعَالَى نَفْسَهُ إِلَيْهِ...

وَلَقَدْ قُلْنَا: إِنَّ كُلَّ فِعْلٍ مِنَ الْأَفْعَالِ يَجِبُ أَنْ يُؤْخَذَ بِقَانُونِ وَقُوَّةِ فَاعِلِهِ.. فَقُوَّةُ الْفَاعِلِ هِيَ الَّتِي تُصَوِّرُ لَنَا قُدْرَتَهُ عَلَى الْفِعْلِ مِنْ عَدَمِ قُدْرَتِهِ.. وَقُلْنَا: إِنَّ اللهَ سُبْحَانَهُ وَتَعَالَى نَسَبَ الْإِسْرَاءَ إِلَى نَفْسِهِ.. وَلَمْ يَنْسِبْهُ إِلَى رَسُولِهِ.. فَقَالَ: ﴿سُبْحَانَ الَّذِي أَسْرَىٰ﴾ الآيَةُ .. أَيْ: أَسْرَى هُوَ بِعَبْدِهِ ..

إِذاً. إِنَّ قَانُونَ مُحَمَّدٍ ﷺ.. وَبَشَرِيَّةَ مُحَمَّدٍ ﷺ هِيَ مَلْغِيَّةٌ فِي الْفِعْلِ.. وَفِي

took His servant by night" (*al-Isrā'*, 1). This indicates that it was He who caused the journey with His servant.

Thus, the criteria of Muhammad's ﷺ human nature and the constraints of his physical existence were nullified in this event. The Prophet ﷺ was carried by the law of his Creator, Allah ﷻ. Therefore, when the action originates from Allah ﷻ, we must not judge it by the laws governing human capabilities. Instead, we must refer the action back to the laws of its Divine Performer.

Since the doer is Allah ﷻ, time and space do not govern His actions. Neither the constraints of time, the nature of the action itself, nor any human laws apply here. Muhammad ﷺ, in this event, was either carried or accompanied by the laws of Allah ﷻ.

To clarify, I previously gave an analogy: if I were to say, "I climbed the peaks of the Himalayas with my infant child", no reasonable person would question how the infant climbed the mountain. This is because I did not claim that the infant climbed; I stated that I climbed while carrying the child. Thus, the governing principle in the climb is my ability, not that of my child.

And to Allah belongs the highest example. Allah ﷻ carried His servant during the Isrā'. This nullifies the relevance of Muhammad's ﷺ human limitations, including his relationship with time and space, in this matter.

We also stated that when considering power, distance, and time from a rational perspective, there exists an inverse relationship between time and power. In other words, as power increases, the time required decreases.

الْحَدَثِ.. وَلَقَدْ قُلْنَا: إِنَّ رَسُولَ اللهِ ﷺ مَحْمُولٌ عَلَى قَانُونِ خَالِقِهِ وَهُوَ الْحَقُّ سُبْحَانَهُ وَتَعَالَى.. فَإِذَا كَانَ أَمْرُ الْفِعْلِ مِنَ اللهِ سُبْحَانَهُ وَتَعَالَى.. فَلَا يَجِبُ أَنْ نَعْتَرِضَ عَلَى الْفِعْلِ بِقَانُونِ الْبَشَرِيَّةِ.. بَلْ يَجِبُ أَنْ نَرُدَّ الْفِعْلَ إِلَى قَانُونِ فَاعِلِهِ.. وَمَادَامَ الْفَاعِلُ هُوَ اللهُ سُبْحَانَهُ وَتَعَالَى.. فَلَا تَحَكُّمَ لِلزَّمَانِ فِيهِ.. وَلَا تَحَكُّمَ لِلْمَسْأَلَةِ فِيهِ.. وَلَا تَحَكُّمَ لِشَيْءٍ مِنْ ذَلِكَ حَسَبَ قَانُونِ الْبَشَرِيَّةِ.. وَمُحَمَّدٌ ﷺ كَانَ مَحْمُولاً عَلَى قَانُونِ الْحَقِّ سُبْحَانَهُ وَتَعَالَى أَوْ مُصَاحِباً.. وَلَقَدْ قُلْتُ وَأَعْطَيْتُ مَثَلاً: بِأَنَّنِي إِذَا قُلْتُ: لَقَدْ صَعِدْتُ أَنَا وَابْنِيَ الرَّضِيعُ قِمَّةَ جِبَالِ هِمَالَايَا.. فَلَا يُمْكِنُ لِعَاقِلٍ أَنْ يَقُولَ: .. وَكَيْفَ يَصْعَدُ ابْنُكَ الرَّضِيعُ قِمَّةَ جِبَالَ هِمَالَايَا؟ لِأَنَّنِي لَمْ أَقُلْ: صَعِدَ ابْنِيَ الرَّضِيعُ.. وَإِنَّمَا قُلْتُ: صَعِدْتُ أَنَا بِابْنِيَ الرَّضِيعِ..

إِذاً.. فَالْقَانُونُ قَانُونِي.. وَلَيْسَ قَانُونَ وَلَدِي.. وَللهِ سُبْحَانَهُ وَتَعَالَى الْمَثَلُ الْأَعْلَى.. اللهُ سُبْحَانَهُ وَتَعَالَى أَسْرَى بِعَبْدِهِ.. إِذاً.. إِنَّ قَانُونَ مُحَمَّدٍ ﷺ وَبَشَرِيَّتَهُ وَارْتِبَاطَهُ بِالزَّمَنِ وَالْمَسَافَةِ لَا دَخْلَ لَهُ فِي شَيْءٍ مِنْ ذَلِكَ..

وَقُلْنَا أَيْضاً: إِنَّنَا إِذَا نَظَرْنَا إِلَى الْقُوَّةِ فِي الْعَقْلِ وَإِلَى الْمَسَافَةِ وَالزَّمَنِ.. نَجِدُ أَنَّ الزَّمَنَ يَتَنَاسَبُ مَعَ الْقُوَّةِ تَنَاسُباً عَكْسِياً.. بِمَعْنَى أَنَّ الْقُوَّةَ إِذَا زَادَتْ قَلَّ الزَّمَنُ..

مِثَالٌ: إِذَا قَطَعْتَ الْمَسَافَةَ مِنْ مَكَانٍ إِلَى مَكَانٍ عَلَى بَعِيرٍ.. تَخْتَلِفُ عَنْهَا إِذَا قَطَعْتَهَا فِي سَيَّارَةٍ أَوْ فِي طَيَّارَةٍ أَوْ فِي صَارُوخٍ...

إِذاً.. إِنْ زَادَتِ الْقُوَّةُ قَلَّ الزَّمَنُ.. فَمَا دَامَ الْحَدَثُ بِقُوَّةِ اللهِ سُبْحَانَهُ وَتَعَالَى فَيَجِبُ أَنْ نَنْسِبَ الزَّمَنَ إِلَى قُوَّةِ الَّذِي فَعَلَ وَهُوَ اللهُ سُبْحَانَهُ

For example, when you traverse a distance from one place to another on a camel, it is different from covering the same distance in a car, an airplane, or a rocket. Thus, as power increases, time decreases. If the event occurs with the power of Allah ﷻ, then time must be attributed to the strength of the doer, who is Allah. When time is attributed to the power of Allah, it becomes clear that the matter does not require time.

Why, then, was the Prophet ﷺ taken on this journey during the span of a single night? The answer lies in the distinction between the transfer of distance and the visions witnessed by the Prophet ﷺ. When he saw a particular sight, observing that sight required time. Similarly, when he conversed with someone, that conversation required time. Therefore, the time span of the night was allocated to accommodate the visions seen by the Messenger of Allah ﷺ.

Moreover, we emphasized that the Isrāʾ was an earthly miracle. By earthly, we mean that humans are aware of the existence of both Masjid al-Haram and Masjid al-Aqsa. Some have travelled to Masjid al-Aqsa, and others know the route to it. Allah ﷻ allowed tangible, rational evidence to serve as a supportive proof of the Prophet's ﷺ claim. When they asked him to describe the mosque, he provided an accurate description that matched what people who had seen it knew.

Their very request for the mosque's description from the Prophet ﷺ serves as evidence that they were convinced he had never seen it before. Had they harboured any doubt that he might have seen it, they would not have

وَتَعَالَى.. وَإِذَا نَسَبْتَ الزَّمَنَ إِلَى قُوَّةِ الَّذِي فَعَلَ وَهُوَ اللهُ سُبْحَانَهُ وَتَعَالَى تَجِدُ أَنَّ الْمَسْأَلَةَ لاَ تَحْتَاجُ إِلَى الزَّمَنِ.. إِذاً.. لِمَاذَا أُخِذَ رَسُولُ اللهِ ﷺ لَيْلَةَ؟ قُلْنَا: لِأَنَّ هُنَاكَ فَرْقاً بَيْنَ نَقْلَةِ الْمَسَافَةِ وَبَيْنَ مَرَائِي رَآهَا رَسُولُ اللهِ ﷺ.. فَإِذَا رَأَى مَنْظَراً مِنَ الْمَنَاظِرِ.. فَإِنَّ رُؤْيَتَهُ لِذَلِكَ الْمَنْظَرِ هُوَ الَّذِي يَحْتَاجُ إِلَى زَمَنٍ.. إِذَا تَكَلَّمَ مَعَ أَحَدٍ.. فَكَلاَمُهُ مَعَ هَذَا الْمُتَكَلِّمِ مَعَهُ يَحْتَاجُ إِلَى زَمَنٍ.. إِذاً.. إِنَّ الزَّمَنَ وَهُوَ اللَّيْلَةُ كَانَ لِلرُّؤْيَةِ الَّتِي رَآهَا رَسُولُ اللهِ ﷺ.. وَقُلْنَا أَيْضاً.. إِنَّ «الإِسْرَاءَ» جَاءَ آيَةً أَرْضِيَّةً.. وَمَعْنَى أَرْضِيَّةً.. أَنَّ الْبَشَرَ يَعْلَمُونَ بَيْتَ الْمَقْدِسِ.. وَيَعْلَمُونَ الْمَسْجِدَ الْحَرَامَ.. وَمِنْهُمْ مَنْ ذَهَبَ إِلَى بَيْتِ الْمَقْدِسِ.. وَمِنْهُمْ مَنْ يَعْرِفُ الطَّرِيقَ إِلَيْهِ.. وَقُلْنَا: إِنَّ الْحَقَّ سُبْحَانَهُ وَتَعَالَى قَدْ تَرَكَ لِلدَّلِيلِ الْعَقْلِيِّ الْمَادِّيِّ فِي عُرْفِ الْبَشَرِ مَا يُمْكِنُ أَنْ يَكُونَ مُؤَيِّداً لِوِجْهَةِ نَظَرِ الرَّسُولِ ﷺ فِيمَا قَالَ: فَإِذَا قَالُوا: صِفْ لَنَا الْمَسْجِدَ؟ وَصَفَ كَمَا رَآهُ النَّاسُ.. وَقُلْتُ: إِنَّهُمْ بِطَلَبِهِمْ وَصْفَ الْمَسْجِدِ مِنْ رَسُولِ اللهِ ﷺ دَلِيلٌ مِنْهُمْ عَلَى أَنَّهُمْ يُدْرِكُونَ بِأَنَّ رَسُولَ اللهِ ﷺ لَمْ يَرَ الْمَسْجِدَ إِطْلاَقاً.. فَلَوْ كَانُوا يَشُكُّونَ فِي أَنَّهُ رَآهُ مَا سَأَلُوهُ وَصْفَهُ.. إِذاً.. هُمْ عَلَى قَنَاعَةٍ تَامَّةٍ بِأَنَّ رَسُولَ اللهِ ﷺ لَمْ يَذْهَبْ إِلَى الْمَسْجِدِ الأَقْصَى.. وَمَعَ ذَلِكَ أَرَادُوا مِنْهُ أَنْ يَصِفَ لَهُمْ..

وَقُلْنَا: رُبَّمَا كَانَ رَسُولُ اللهِ ﷺ قَدْ سَمِعَ الْوَصْفَ مِنْ خَبِيرٍ بِالْوَصْفِ.. وَالْتَقَطَ مِنْهُ الرَّسُولُ ذَلِكَ الْوَصْفَ ثُمَّ نَقَلَهُ إِلَيْهِمْ.. فَلاَبُدَّ مِنْ وُجُودِ دَلِيلٍ آخَرَ زَمَنِيٍّ لاَ يُوجَدُ فِيهِ ذَلِكَ.. وَمِنْ ثَمَّ ذَكَرْنَا الأَدِلَّةَ الَّتِي رَآهَا فِي الطَّرِيقِ أَثْنَاءَ دَعْوَتِهِ.. وَأَخْبَرَهُمْ بِهَا.. سَاعَةَ أَنْ كَانَتِ الْقَافِلَةُ فِي طَرِيقِهَا

asked him for a description. Thus, their request confirms their certainty that the Prophet ﷺ had not visited Masjid al-Aqsa. Despite this, they still asked him for a description.

It may have been suggested that perhaps the Messenger of Allah ﷺ had learned about the mosque's description from an expert and repeated it to them. However, this hypothesis is disproven by additional evidence. During his return journey, the Prophet ﷺ described events he observed along the way, events that were verified when the caravans reached Makkah. These events could not have been relayed to him in advance. As such, the Isrāʾ was an earthly miracle that could be supported by material evidence, perceptible to human reason.

When such material evidence confirmed the shortening of distance for the Prophet ﷺ and the suspension of the laws of time, it became apparent that natural laws had been overridden. Recognizing that the Prophet ﷺ experienced a breach of natural law in an observable matter lends credibility to his subsequent claim of a heavenly journey (the Miʿrāj). The One who suspended natural laws for the Prophet ﷺ in earthly matters we comprehend is surely capable of doing the same in matters beyond our understanding.

Thus, the Isrāʾ served as a means to inspire faith in the Miʿrāj. Allah ﷻ suspended the natural laws of distance and time for Muhammad ﷺ during the Isrāʾ and similarly suspended them during the Miʿrāj to the Heavens. Since no one had ever ascended to the Sidrah al-Muntahā nor encountered a caravan along that celestial route, no

إِلَى مَكَّةَ.. إِذاً.. لَيْسَ مِنَ الْمَعْقُولِ أَنْ يَأْتِي وَاحِدٌ لِيُخْبِرَ الرَّسُولَ ﷺ بِمَا كَانَ فِي الطَّرِيقِ.. فَأَخْبَرَهُمْ.. فَتَرَصَّدُوا الْقَافِلَةَ.. وَوَجَدُوا الْأَمْرَ كَمَا قَالَ الرَّسُولُ عَلَيْهِ الصَّلَاةُ وَالسَّلَامُ.. إِذاً.. إِنَّ «الْإِسْرَاءَ» آيَةٌ أَرْضِيَّةٌ أَمْكَنَ أَنْ يُقَامَ الدَّلِيلُ عَلَيْهَا.. وَإِذَا مَا أَمْكَنَ إِقَامَةُ الدَّلِيلِ الْمَادِّيِّ الْمَرْئِيِّ بِوَاسِطَةِ الْبَشَرِ عَلَيْهَا.. فَهِمَتِ الْعُقُولُ أَوَّلاً أَنَّ الْمَسَافَةَ قَدِ اخْتَصَرَتْ لِرَسُولِ اللهِ ﷺ.. وَأَنَّ قَانُونَ الزَّمَنِ قَدْ أُلْغِيَ عِنْدَهُ.. إِذاً.. فَقَدْ خَرَقَ لَهُ النَّامُوسَ.. فَإِذَا أَدْرَكْنَا أَنَّ النَّامُوسَ قَدْ خَرَقَ لَهُ فِي أَمْرٍ عَادِيٍّ نَعْلَمُهُ وَنَسْتَدِلُّ عَلَيْهِ بِعُقُولِنَا.. فَإِذَا حَدَّثَ رَسُولُ اللهِ ﷺ بَعْدَ ذَلِكَ أَنَّ قَانُونَ السَّمَاءِ قَدْ خُرِقَ لَهُ فَاخْتَرَقَهُ.. فَمِنَ الْمُمْكِنِ لِلْعَقْلِ أَنْ يَسْتَأْنِسَ بِأَنَّ الَّذِي خَرَقَ لَهُ النَّامُوسَ فِيمَا نَعْلَمُ. وَفِيمَا اسْتَدْلَلْنَا عَلَيْهِ قَادِرٌ «عَلَى أَنْ يَخْرِقَ لَهُ النَّامُوسَ فِيمَا لَا نَعْلَمُ»...

إِذاً.. إِنَّ آيَةَ «الْإِسْرَاءِ» كَانَتْ إِينَاساً لِعَمَلِيَّةِ الْإِيمَانِ «بِالْمِعْرَاجِ».. فَاللهُ سُبْحَانَهُ وَتَعَالَى الَّذِي خَرَقَ الْقَانُونَ لِمُحَمَّدٍ ﷺ فِي الْمَسَافَةِ وَالزَّمَنِ.. خَرَقَ لَهُ الْقَانُونَ فِي «الْمِعْرَاجِ» لِلسَّمَاوَاتِ السَّبْعِ وَلَمَّا لَمْ يَكُنْ أَحَدٌ قَدْ صَعَدَ إِلَى سِدْرَةِ الْمُنْتَهَى.. وَلَمَّا لَمْ يَكُنْ أَيْضاً فِي الطَّرِيقِ إِلَى سِدْرَةِ الْمُنْتَهَى قَافِلَةٌ مَا.. فَلَا يُمْكِنُ أَبَداً أَنْ يُقَامَ الدَّلِيلُ مِنَ الْمَخْلُوقِينَ الَّذِينَ يَسْمَعُونَ ذَلِكَ إِلَّا بِصِفَةِ أَمْرٍ حِسِّيٍّ لَهُ.. وَهُوَ «الْإِسْرَاءُ».. وَلِذَلِكَ كَانَتْ آيَةُ «الْإِسْرَاءِ» إِينَاساً لِلْعُقُولِ بِإِمْكَانِيَّةِ الْإِيمَانِ بِمَا يُحَدِّثُ بِهِ الرَّسُولُ الْكَرِيمُ ﷺ لِأَنَّهُ انْتَقَلَ إِلَى السَّمَاءِ بِقَانُونِهِ.. لَا بِقَانُونِ الَّذِي نَقَلَهُ مِنَ الْمَسْجِدِ الْحَرَامِ إِلَى الْمَسْجِدِ الْأَقْصَى فِي ذَلِكَ الزَّمَنِ الْوَجِيزِ بِإِقْرَارِكُمْ..

material evidence from earthly witnesses could be presented for the Miʿrāj. Therefore, the Isrāʾ was a sensory miracle, preparing minds to accept the truth of the Miʿrāj.

The Qurʾan directly addresses the earthly miracle of the Isrāʾ, stating, "Glorified is He who took His servant by night from al-Masjid al-Haram to al-Masjid al-Aqsa, whose surroundings We have blessed, to show him of Our signs ..." (*al-Isrāʾ*, 1). Here, the term "to show him" (*linuriyahū*) signifies an act of showing. What does showing entail? It is the process of making the unseen visible. This can happen by either transforming the unseen object to align with the observer's capacity or by elevating the observer's perception to grasp the unseen object.

For example, microbes existed before their discovery. Their discovery did not create them; rather, they became perceptible through advancements like microscopes. Similarly, a person with impaired vision may use glasses or undergo surgery to regain the ability to see what was previously unseen. Thus, showing can either adapt the observer's capacity or modify the object to be perceived.

Therefore, the Verse of the Ascension served as a sign that facilitated faith in the Ascension (Miʿrāj). Allah ﷻ, who transcended the laws of space and time for Muhammad ﷺ during the Ascension to the highest Heavens, showcased an event beyond human ascendancy to the Lote Tree, where no caravan trod. No proof by those who heard it could exist, except as a tangible sign – the Night Journey. This verse reassures believers about the credibility of the Prophet's narrations, as he was elevated to the Heavens not by the conventional laws known

وَقَدْ وَصَفَ الْمَسْجِدَ وَوَصَفَ مَا فِي الطَّرِيقِ مِنْ بَيْتِ الْمَقْدِسِ إِلَى مَكَّةَ.. كُلُّ هَذَا يُؤْنِسُنَا بِأَنَّ الرَّسُولَ ﷺ حِينَ يُحَدِّثُنَا عَنِ «الْمِعْرَاجِ».. وَعَنْ مَرَائِيهِ فِي «الْمِعْرَاجِ» يَكُونُ صَادِقاً فِيمَا حَدَّثَ بِهِ...

وَنُلاحِظُ أَنَّ الْقُرْآنَ الْكَرِيمَ حِينَمَا تَعَرَّضَ لِآيَةٍ أَرْضِيَّةٍ وَهِيَ الْإِسْرَاءُ.. قَالَ: ﴿سُبْحَانَ الَّذِي أَسْرَىٰ بِعَبْدِهِ لَيْلاً مِّنَ الْمَسْجِدِ الْحَرَامِ إِلَى الْمَسْجِدِ الْأَقْصَى الَّذِي بَارَكْنَا حَوْلَهُ لِنُرِيَهُ...﴾.. فَكَأَنَّ الْفِعْلَ هُنَا «إِرَاءَةٌ» وَمَا هِيَ الْإِرَاءَةُ؟ إِنَّ الْإِرَاءَةَ هِيَ أَنْ تَجْعَلَ مَنْ لَا يَرَى.. «يَرَى».. وَذَلِكَ إِمَّا بِتَحْوِيلِ الْمَرْئِيِّ إِلَى قَانُونِ الرَّائِي.. أَوْ بِنَقْلِ الرَّائِي لِأَنْ يَنْفَذَ إِلَى قَانُونِ الْمَرْئِيِّ...

وَلِنَأْخُذْ مَثَلاً تَوْضِيحاً لِذَلِكَ:

هُنَاكَ الْمِيكْرُوبُ الَّذِي يُكْتَشَفُ.. الْمِيكْرُوبُ كَانَ مَوْجُوداً قَبْلَ أَنْ يُكْتَشَفَ.. وَلَيْسَ مَعْنَى اكْتِشَافِهِ أَنَّهُمْ أَوْجَدُوهُ.. وَلَكِنَّهُ كَانَ مَوْجُوداً دُونَ أَنْ يَكُونَ لِلْحِسِّ طَرِيقٌ إِلَيْهِ.. فَلَمَّا اخْتُرِعَتِ الْمَجَاهِرُ أَمْكَنَ لِلَّذِي لَا يُرَى.. يُرَى بِمَاذَا؟ يُرَى بِعَمَلِيَّةِ تَحْوِيلٍ.. وَهِيَ أَنَّنَا أَتَيْنَا بِعَدَسَةٍ تُكَبِّرُ لَنَا الْأَشْيَاءَ.. فَمَا لَمْ يَكُنْ يُرَى أَوَّلاً.. أَصْبَحَ يُرَى الْآنَ...

وَمَثَلاً: يَذْهَبُ الْمَرِيضُ بِبَصَرِهِ إِلَى طَبِيبٍ مُخْتَصٍّ.. وَالطَّبِيبُ بِدَوْرِهِ يُعْطِي لَهُ نَظَّارَةً.. وَالنَّظَّارَةُ تُكَبِّرُ لَهُ الْأَشْيَاءَ.. فَمَا لَمْ يَكُنْ يَرَاهُ أَوَّلاً.. رَآهُ ثَانِياً.. وَقَدْ يُجْرِي لَهُ عَمَلِيَّةً جِرَاحِيَّةً فِي عَيْنَيْهِ بِحَيْثُ لَا يَحْتَاجُ إِلَى هَذِهِ النَّظَّارَةِ.. فَإِذَا لَمْ يَحْتَجْ إِلَى هَذِهِ النَّظَّارَةِ لِيَرَى.. يُقَالُ: رَأَى هُوَ...

إِذاً.. الْإِرَاءَةُ إِمَّا أَنْ تَكُونَ بِتَغَيُّرِ مَا فِيهِ إِلَى قَانُونِ الرَّائِي فَيَرَى.. أَوْ

to man from the Sacred Mosque to Masjid al-Aqsa but by Divine Decree. His descriptions of the mosque and the journey from Jerusalem to Makkah further reinforce our faith that when the Messenger ﷺ speaks of the Ascension and his visions within it, he speaks truthfully.

The Qur'an addresses the terrestrial aspect of the Night Journey, stating: "Glorified is He who took His servant by night from al-Masjid al-Haram to al-Masjid al-Aqsa, whose surroundings We have blessed, to show him of Our signs …". Here, 'showing' implies enabling the unseen to be seen, whether by adapting the visual laws to the viewer or transporting the viewer into the visual framework.

For instance, a microbe exists regardless of its discovery; its existence is not contingent on human observation. It was unseen until microscopes rendered it visible through magnification, illustrating a transformation that allowed the invisible to become visible. Similarly, a person with impaired vision can see anew through glasses provided by a specialist, which magnify his sight – sometimes [the vision can be] permanently corrected through surgery.

Thus, 'showing' may involve altering reality to make it perceivable or enabling the inherent ability to perceive the unperceivable. During the Night Journey, it was proclaimed to "show him" – since Muhammad ﷺ on Earth was bound by human laws and visual perception regulated by physical light. The Divine Signs, if present on Earth, necessitate a Divine Act of Revelation because, by his essence, the Prophet could not perceive these heavenly realities. However, once ascended, he encounters proph-

بِإِعْطَاءِ شَيْءٍ فِي الْمَرْئِيِّ لِيَرَى بِذَاتِهِ.. فَلَمَّا جَاءَ فِي حَادِثِ «الْإِسْرَاءِ».. قَالَ: «لِنُرِيَهُ» لِأَنَّ مُحَمَّداً ﷺ عَلَى الْأَرْضِ.. وَبَشَرِيٌّ بِقَانُونِ الْبَشَرِيَّةِ.. وَقَانُونُ الْأَبْصَارِ فِيهِ خَاضِعٌ لِقَانُونِ الضَّوْءِ.. وَقَانُونُ الضَّوْءِ لَا يَخْتَلِفُ فِيهِ أَحَدٌ.. فَإِذَا كَانَتْ هُنَاكَ آيَاتٌ مِنْ غَيْبِ اللهِ فِي الْأَرْضِ.. فَلَابُدَّ أَنْ يَحْدُثَ لَهُ إِرَاءَةٌ لِأَنَّهُ بِطَبِيعَتِهِ لَا يَرَى هَذِهِ الْأَشْيَاءَ.. فَالْإِرَاءَةُ إِذَا كَانَتْ هُنَاكَ فِي الْأَرْضِ.. وَلَكِنْ حِينَمَا يَنْتَقِلُ الرَّسُولُ ﷺ إِلَى الْمَلَأِ الْأَعْلَى.. وَيَلْتَقِي بِالْأَنْبِيَاءِ الَّذِينَ مَاتُوا قَبْلَهُ.. وَيَلْتَقِي بِالْمَلَائِكَةِ.. إِذاً.. فَقَدْ تَغَيَّرَ شَيْءٌ فِي ذَاتِيَّةِ مُحَمَّدٍ ﷺ وَكَأَنَّهُ طَرَحَ الْبَشَرِيَّةَ وَأَخَذَ شَيْئاً مِنَ الْمَلَائِكِيَّةِ الَّتِي تَرَى بِنَفْسِهَا..

فَلَمَّا صَعَدَ إِلَى السَّمَاءِ قَالَ اللهُ سُبْحَانَهُ وَتَعَالَى: ﴿لَقَدْ رَأَىٰ﴾.. وَلَمْ يَقُلْ؛ «أَرَيْنَاهُ».. ﴿لَقَدْ رَأَىٰ مِنْ آيَاتِ رَبِّهِ الْكُبْرَىٰ﴾.. فَفِي آيَةِ «الْإِسْرَاءِ».. «لِنُرِيَهُ» أَيْ.. «أَرَيْنَا».. وَفِي آيَاتِ السَّمَاءِ.. فِي «الْمِعْرَاجِ» قَالَ: «رَأَى».. وَيَرَى.. فَكَأَنَّ الرَّسُولَ ﷺ فِي بَشَرِيَّتِهِ فِي الْأَرْضِ كَانَ مُحْتَاجاً إِلَى أَنْ يُعَدِّلَ الْقَانُونَ فِي ذَاتِهِ بِالنِّسْبَةِ لِلرَّائِي وَالْمَرْئِيِّ.. وَأَمَّا فِي السَّمَاءِ فَقَدْ أَخَذَ وَضْعاً آخَرَ.. وَهَذَا الْوَضْعُ الْآخَرُ أَصْبَحَ بِذَاتِهِ يَرَى.. لِأَنَّهُ أَصْبَحَتْ هُنَاكَ مَلَكِيَّةٌ.. فَالْبَشَرِيَّةُ طُرِحَتْ فِي الْأَرْضِ.. وَالْمَلَائِكِيَّةُ أَصْبَحَتْ هِيَ الْمُسَيْطِرَةُ عَلَى رَسُولِ اللهِ ﷺ فَأَصْبَحَ يَرَى.. لَكِنْ فِي الْأَرْضِ كَانَتْ إِرَاءَةً...

إِنَّ رَسُولَ اللهِ ﷺ فِي هَذِهِ الْمَسْأَلَةِ تَعَرَّضَ لِثَلَاثِ مَرَاحِلٍ:

الْمَرْحَلَةُ الْأُولَى:

ets and Angels, shedding his mortal constraints and adopting an angelic perception that views independently.

Thus, when Muhammad ascended to the Heavens, Allah ﷻ stated, "Indeed, he saw …" – without saying, "We showed him …" – "He saw from the greatest signs of his Lord …". In the verse of the Isrāʾ, it states, "So that We might show him …", which implies "We showed him", and in the celestial verses of the Miʿrāj, it is said, "He saw". This suggests that in his earthly form, the Messenger Muhammad ﷺ needed to adjust the law within himself regarding the observer and the observed. However, in Heaven, he assumed another state – a state that could see by itself because it had adopted an angelic nature. The humanity was discarded on Earth, while the angelic nature prevailed in him in Heaven, allowing him to see.

In this matter, the Messenger of Allah ﷺ experienced three stages:

The first stage: He was human, and Jibrīl presented things to him, [with the Messenger ﷺ] asking Jibrīl what they were, and Jibrīl would explain.

The second stage: When he ascended to Heaven, he saw visions without needing explanations from Jibrīl; he listened and understood independently, transforming into a being with insight without any intermediaries.

The third stage: He was enveloped in Divine Light without Jibrīl's presence, signifying a further ascension beyond the angelic reach, capable of enduring beyond the Lote Tree, without any angelic companionship.

Thus, Muhammad ﷺ was human on Earth with Jibrīl, had angelic companionship with the messengers and Jibrīl

كَانَ بَشَراً.. وَجِبْرِيلُ عَلَيْهِ السَّلاَمُ يَعْرِضُ عَلَى مُحَمَّدٍ ﷺ الْأَشْيَاءَ.. ثُمَّ يَقُولُ: مَا هَذَا يَا جِبْرِيلُ؟ فَيَقُولُ هَذَا كَذَا وَكَذَا..

الْمَرْحَلَةُ الثَّانِيَةُ:

لَمَّا صَعَدَ إِلَى السَّمَاءِ كَانَ يَرَى الْمَرَائِي.. فَلاَ يَسْتَفْهِمُ مِنْ جِبْرِيلَ عَنْهَا.. وَيَسْمَعُ فَيَفْهَمُ.. إِذاً فَقَدْ تَحَوَّلَ شَيْءٌ فِي ذَاتِيَّةِ مُحَمَّدٍ.. وَأَصْبَحَتْ لَهُ ذَاتِيَّةٌ فَاهِمَةٌ بِلاَ وَاسِطَةِ جِبْرِيلَ عَلَيْهِ السَّلاَمُ.. وَوَارِئِيَّةٍ بِلاَ وَاسِطَةِ أَحَدٍ.. فَفِي الْأَرْضِ إِرَاءَةٌ.. وَأَمَّا فِي السَّمَاءِ فَقَدْ رَأَى بِالرُّؤْيَةِ.. ثُمَّ بَعْدَ ذَلِكَ نَجِدُ أَنَّهُ بَعْدَ أَنِ انْتَقَلَ إِلَى مَرْحَلَةٍ يَكُونُ فِيهَا مَلاَئِكِيًّا كَالْمَلاَئِكَةِ يَرَاهُمْ وَيَتَكَلَّمُ مَعَهُمْ وَيُخَاطِبُهُمْ وَيَفْهَمُ.. يَأْتِي بَعْدَ ذَلِكَ فِي مِنْطَقَةٍ أُخْرَى بَعْدَ سِدْرَةِ الْمُنْتَهَى فَيَنْتَهِي حَدُّ جِبْرِيلَ عَلَيْهِ السَّلاَمُ..

الْمَرْحَلَةُ الثَّالِثَةُ:

يُزَجُّ بِرَسُولِ اللهِ ﷺ فِي سُبُحَاتِ النُّورِ وَلَمْ يَكُنْ جِبْرِيلُ مَعَهُ.. وَهَذَا دَلِيلٌ عَلَى أَنَّ مُحَمَّداً عَلَيْهِ الصَّلاَةُ وَالسَّلاَمُ قَدِ ارْتَقَى ارْتِقَاءً آخَرَ.. وَنَقَلَ مِنْ مَلاَئِكِيَّةٍ لاَ قُدْرَةَ لَهَا عَلَى مَا وَرَاءَ سِدْرَةِ الْمُنْتَهَى.. إِلَى شَيْءٍ مِنَ الْمُمْكِنِ أَنْ يَتَحَمَّلَ إِلَى مَا وَرَاءَ سِدْرَةِ الْمُنْتَهَى.. وَدُونَ مُصَاحَبَةِ جِبْرِيلَ عَلَيْهِ السَّلاَمُ...

إِذاً.. إِنَّ سَيِّدِنَا مُحَمَّدٌ كَانَ بَشَراً فِي الْأَرْضِ مَعَ جِبْرِيلَ.. وَبَعْدَ ذَلِكَ كَانَتْ لَهُ مَلاَئِكِيَّةٌ مَعَ الرُّسُلِ وَمَعَ جِبْرِيلَ فِي السَّمَاءِ.. وَبَعْدَ ذَلِكَ كَانَ لَهُ وَضْعٌ آخَرُ اِرْتَقَى بِهِ عَنِ الْمَلَكِيَّةِ.. حَتَّى إِنَّ جِبْرِيلَ نَفْسَهُ يَقُولُ لَهُ:

«... أَنَا لَوْ تَقَدَّمْتُ لاَحْتَرَقْتُ.. وَأَنْتَ لَوْ تَقَدَّمْتَ لاَخْتَرَقْتَ..»...

in Heaven, and then transcended even the angelic state to engage directly with Allah and witness divine visions – a matter debated among scholars.

إذاً.. إنَّ ذاتِيَةَ مُحَمَّدٍ ﷺ حَصَلَ فِيهَا شَيْءٌ مِنَ التَّغْيِيرِ.. وَذَلِكَ التَّغْيِيرُ الَّذِي يُنَاسِبُ ذَلِكَ الْمَلَأَ الْأَعْلَى.. فَجِبْرِيلُ عَلَيْهِ السَّلَامُ بِمَلَائِكِيَّتِهِ لَا يَسْتَطِيعُ أَنْ يَخْتَرِقَ.. وَإِلَّا احْتَرَقَ أَمَّا سَيِّدُنَا مُحَمَّدٌ ﷺ فَيَسْتَطِيعُ أَنْ يَخْتَرِقَ.. وَعَلَى هَذَا.. هُنَاكَ ثَلَاثَةُ أَشْيَاءٍ حَدَثَتْ لِمُحَمَّدٍ ﷺ.. بَشَرِيَّةٌ فِي الْأَرْضِ مَعْهُودَةٌ بِالْمَدَدِ.. وَبَعْدَ ذَلِكَ مَلَائِكِيَّةٌ فِي السَّمَاءِ قَبْلَ سِدْرَةِ الْمُنْتَهَى.. ثُمَّ بَعْدَ ذَلِكَ مَلَائِكِيَّةٌ فَوْقَ الْمَلَائِكِيَّةِ.. وَهِيَ الَّتِي كَانَتْ بَعْدَ سِدْرَةِ الْمُنْتَهَى يُصْبِحُ فِيهَا ﴿قَابَ قَوْسَيْنِ أَوْ أَدْنَىٰ﴾ وَيَتَعَرَّضُ فِيهَا إِلَى خِطَابِ اللهِ سُبْحَانَهُ وَتَعَالَى.. وَإِلَى رُؤْيَةِ اللهِ سُبْحَانَهُ وَتَعَالَى.. عَلَى خِلَافٍ بَيْنَ الْعُلَمَاءِ فِي هَذَا...

MUSA REQUESTS A VISION

QUESTION

Is there a resemblance between the above and the verses that talk about our Master Musa ﷺ, especially when he said to his Lord, "Show me, that I may look upon You." He [Allah] replied, "You will not see Me."?

ANSWER

Yes, we observe here that the request from Musa ﷺ was from the perspective of human nature, which was also the nature of Muhammad ﷺ. Musa did not ask for a vision but rather 'to be shown', since he was on the Earth: "Lord, show me that I may look upon You." "Show me" involves being shown, meaning: if You show me, then I look, and if You do not show me, I do not look. It is as if, by my very nature, I am not capable of seeing You. But if You modify me and show me, I will see. It appears that what Musa asked for was to be shown, not a vision, because he knew by the nature of his creation that he could not see, but He who created him could show him. Therefore, what Musa requested was to be shown, similar to what happened to Muhammad in the terrestrial verse of the Isrāʾ "to show him", which is also a 'showing'. [In other words] Musa said: by the nature of my creation, I am not capable of seeing You. But You, my Creator and the Creator of the laws, can enable me through Your laws to see. If You show me, I look; if You do not show me, I cannot. What was the

مُوسَى يَطْلُبُ الرُّؤْيَا

سُؤَالٌ

هَلْ هُنَاكَ وَجْهُ شَبَهٍ بَيْنَ الْكَلَامِ الَّذِي تَفَضَّلْتَ بِهِ يَا فَضِيلَةَ الشَّيْخِ الآنَ؟ وَبَيْنَ الآيَاتِ الَّتِي تَتَكَلَّمُ عَنْ سَيِّدِنَا مُوسَى عَلَيْهِ السَّلَامُ.. وَذَلِكَ حِينَ قَالَ لِرَبِّهِ: ﴿أَرِنِي أَنظُرْ إِلَيْكَ ۚ قَالَ لَن تَرَانِي﴾...

جَوَابٌ

نَعَمْ.. نُلَاحِظُ هُنَا أَنَّ السُّؤَالَ مِنْ مُوسَى عَلَيْهِ السَّلَامُ كَانَ مِنْ عَيْنِ الْبَشَرِيَّةِ الَّتِي كَانَتْ لِمُحَمَّدٍ ﷺ أَيْضاً.. وَلِأَنَّ مُوسَى عَلَيْهِ السَّلَامُ لَمْ يَسْأَلْ «الرُّؤْيَا».. وَإِنَّمَا سَأَلَ «الْإِرَاءَةَ» لِأَنَّهُ فِي الْأَرْضِ.. ﴿رَبِّ أَرِنِي أَنظُرْ إِلَيْكَ﴾ الآيَةُ... وَ «أَرِنِي» الْمَطْلُوبُ فِيهَا الْإِرَاءَةُ.. بِمَعْنَى: إِنْ تُرِنِي أَنْظُرُ.. وَإِنْ لَمْ تُرِنِي لَا أَنْظُرُ.. فَكَأَنَّنِي بِطَبِيعَةِ تَكْوِينِي لَا أَقْدِرُ أَنْ أَنْظُرَ إِلَيْكَ.. وَلَكِنْ إِنْ عَدَلْتَ فِي.. وَأَرَيْتَنِي.. أَرَى.. أَرِنِي.. أَنْظُرُ.. وَيَبْدُو لَنَا أَنَّ الَّذِي طَلَبَهُ مُوسَى عَلَيْهِ السَّلَامُ «الْإِرَاءَةَ» وَلَيْسَتِ «الرُّؤْيَةُ»... لِأَنَّهُ يَعْلَمُ بِطَبِيعَةِ تَكْوِينِهِ أَنَّهُ لَا يَرَى.. وَلَكِنَّ الَّذِي خَلَقَهُ يَسْتَطِيعُ أَنْ يُرِيَهُ.. إِذاً.. أَنَّ طَلَبَ مُوسَى عَلَيْهِ السَّلَامُ كَانَ «الْإِرَاءَةَ» .. كَالَّذِي حَدَثَ لِمُحَمَّدٍ ﷺ فِي آيَةِ الْإِسْرَاءِ الْأَرْضِيَّةِ «لِيُرِيَهُ»... أَيْضاً هِيَ «إِرَاءَةٌ»... وَبَعْدَ ذَلِكَ نَبْحَثُ بَحْثاً آخَرَ فِي الْجَوَانِبِ.. ﴿رَبِّ أَرِنِي أَنظُرْ إِلَيْكَ﴾ كَانَ مُوسَى عَلَيْهِ السَّلَامُ يَقُولُ: أَنَا بِطَبِيعَةِ تَكْوِينِي لَا أَقْدِرُ أَنْ أَرَاكَ.. لَكِنْ أَنْتَ خَالِقِي.. وَخَالِقُ الْقَوَانِينِ.. فَتَسْتَطِيعُ أَنْ أَمْدَدْتَنِي بِقَوَانِينَ مِنْ عِنْدِكَ

Divine response to him? He said, "You will not see Me." Therefore, the obstacle is not from the Divine side but from the side of Musa. He did not say to him, "I will not see" but said, "You will not see Me", indicating that your inherent nature cannot withstand seeing Me. If Allah was not visible, He would have said, "I will not be seen", and that would be the end of the problem. But He said, "You will not see Me."

After that, He said to him, "Look at the mountain; if it remains in its place, then you will see Me." He had provided him with something physical and present, which was the mountain, and undoubtedly the mountain existed in front of Musa. The mountain, stronger and more solid than Musa, when the Lord manifested to it, could not withstand this manifestation. It crumbled despite its solidity and strength. Then you understand that the secret in His saying, "You will not see Me" is: your nature and constitution cannot endure seeing Me. The proof of this is that if you look at the mountain, and I manifest to the mountain and it remains in place, then know that you will see Me. When the Lord manifested to the mountain, it turned to dust, and Musa fainted from the sight. Therefore, the statement of the Divine ("You will not see Me") indicates that the human nature is not prepared in such a way as to be able to see its Lord. As for Allah, it is possible for Him to be seen, but only after modifying our nature to withstand seeing Him – and the proof of that is that Allah manifested to the mountain. Since He manifested to the mountain, and the mountain is a creation of His, then it is possible for Him to manifest to

أَنْ أَرَى.. فَإِنْ أَرَيْتَنِي أَنْظُرُ.. وَإِنْ لَمْ تُرِنِي لَا أَسْتَطِيعُ... فَمَاذَا كَانَ جَوَابُ الْحَقِّ سُبْحَانَهُ وَتَعَالَى لَهُ.. قَالَ: «لَنْ تَرَانِي».. إِذاً.. إِنَّ الْمَانِعَ لَيْسَ مِنْ جِهَةِ الْحَقِّ سُبْحَانَهُ وَتَعَالَى.. وَلَكِنْ مِنْ جِهَةِ مُوسَى عَلَيْهِ السَّلَامُ.. لَمْ يَقُلْ لَهُ: «لَنْ أُرَى».. بَلْ قَالَ: «لَنْ تَرَانِي» أَيْ أَنَّ طَبِيعَتَكَ التَّكْوِينِيَّةَ لَا تَقْوَى عَلَى رُؤْيَتِي.. وَلَوْ أَنَّ الْحَقَّ لَا يُرَى.. لَقَالَ لَهُ: «لَنْ أُرَى».. وَيَنْتَهِي الْإِشْكَالُ.. وَلَكِنْ قَالَ لَهُ: «لَنْ تَرَانِي»...

وَبَعْدَ ذَلِكَ قَالَ لَهُ.. وَلَكِنْ: ﴿انظُرْ إِلَى الْجَبَلِ فَإِنِ اسْتَقَرَّ مَكَانَهُ فَسَوْفَ تَرَانِي﴾.. لَقَدْ أَمَدَّهُ بِشَيْءٍ مَادِّيٍّ مَوْجُودٍ وَهُوَ «الْجَبَلُ» وَالْجَبَلُ لَا شَكَّ أَنَّهُ مَوْجُودٌ أَمَامَ مُوسَى عَلَيْهِ السَّلَامُ.. الْجَبَلُ عِنْدَنَا وَعِنْدَ مُوسَى عَلَيْهِ السَّلَامُ أَقْوَى بِنْيَةً مِنْ مُوسَى عَلَيْهِ السَّلَامُ وَأَشَدُّ صَلَابَةً.. ﴿فَلَمَّا تَجَلَّىٰ رَبُّهُ لِلْجَبَلِ﴾.. إِذاً.. لَا مَانِعَ أَنْ يَتَجَلَّى الْحَقُّ سُبْحَانَهُ وَتَعَالَى عَلَى بَعْضِ الْخَلْقِ.. وَقَدْ تَجَلَّى الْحَقُّ سُبْحَانَهُ وَتَعَالَى عَلَى الْجَبَلِ.. وَلَكِنْ.. إِنَّ الْجَبَلَ الصَّلْبَ الْقَوِيَّ لَمْ يَتَحَمَّلْ هَذَا التَّجَلِّي.. فَقَدْ تَفَتَّتَ مَعَ صَلَابَتِهِ وَمَعَ قُوَّتِهِ.. حِينَئِذٍ تَفْهَمُ أَنَّ السِّرَّ فِي قَوْلِهِ تَعَالَى: «لَنْ تَرَانِي» أَيْ: إِنَّ طَبِيعَتَكَ وَتَكْوِينَكَ لَا يَتَحَمَّلَا رُؤْيَتِي.. بِدَلِيلِ أَنَّكَ لَوْ نَظَرْتَ إِلَى الْجَبَلِ.. وَأَنَا سَأَتَجَلَّى لِلْجَبَلِ فَإِنِ اسْتَقَرَّ مَكَانَهُ.. فَاعْلَمْ أَنَّكَ تَرَانِي.. ﴿فَلَمَّا تَجَلَّىٰ رَبُّهُ لِلْجَبَلِ جَعَلَهُ دَكًّا وَخَرَّ مُوسَىٰ صَعِقًا﴾.. الآيَةُ.. إِنَّ مُوسَى صَعِقَ لِرُؤْيَةِ الْمُتَجَلِّي؟ إِذاً ـ فَقَوْلُ الْحَقِّ سُبْحَانَهُ وَتَعَالَى: «لَنْ تَرَانِي» دَلِيلٌ عَلَى أَنَّ طَبِيعَةَ تَكْوِينِ الْبَشَرِ لَيْسَتْ مُعَدَّةً إِعْدَاداً بِحَيْثُ تَسْتَطِيعُ أَنْ تَرَى رَبَّهَا.. أَمَّا اللهُ سُبْحَانَهُ وَتَعَالَى فَمِنَ الْمُمْكِنِ أَنْ يُرَى.. وَلَكِنْ بَعْدَ تَعْدِيلِ طَبِيعَتِنَا

some of His creation. But whether some of His creation can endure the manifestation or not [is another matter]. From His mercy, He does not manifest to us, because our constitutive nature cannot endure that manifestation. The mountain, with its massiveness, what became of it?

"When His Lord manifested Himself to the mountain, He made it crumble, and Musa fell down thunderstruck …". Thus, Musa's request to Allah ﷻ ("show me") indicates that it was not impossible or unattainable, because many prophets acted in ways, and Allah ﷻ did not take the stance with them that He did with Musa ﷺ. If a prophet asks a question that has no answer, He says, "Do not ask about things you have no knowledge of." But He did not say this to Musa ﷺ. Rather, He provided a logical proof: "You cannot see Me." But look at the mountain, if it remains stable … Therefore, Allah ﷻ did not manifest to Musa, out of mercy, lest he shatter like the mountain, which is stronger than Musa.

بِحَيْثُ تَقْوَى عَلَى رُؤْيَتِهِ . وَالدَّلِيلُ عَلَى ذَلِكَ أَنَّ اللهَ سُبْحَانَهُ وَتَعَالَى تَجَلَّى عَلَى الْجَبَلِ.. وَمَا دَامَ تَجَلَّى عَلَى الْجَبَلِ.. وَالْجَبَلُ خَلْقٌ مِنْ خَلْقِهِ.. إِذاً.. فَمِنَ الْمُمْكِنِ أَنْ يَتَجَلَّى عَلَى بَعْضِ خَلْقِهِ.. وَلَكِنْ.. إِنَّ الْبَعْضَ مِنْ خَلْقِهِ يَتَحَمَّلُونَ التَّجَلِّي أَوْ لَا يَتَحَمَّلُونَ.. فَمِنْ رَحْمَتِهِ تَعَالَى أَنَّهُ لَا يَتَجَلَّى لَنَا.. لِأَنَّ طَبِيعَةَ تَكْوِينِنَا لَا تَتَحَمَّلُ ذَلِكَ التَّجَلِّي.. إِنَّ الْجَبَلَ مَعَ ضَخَامَتِهِ مَاذَا أَصْبَحَ؟

﴿فَلَمَّا تَجَلَّىٰ رَبُّهُ لِلْجَبَلِ جَعَلَهُ دَكًّا.. وَخَرَّ مُوسَىٰ صَعِقًا...﴾.. فَسُؤَالُ مُوسَى للهِ سُبْحَانَهُ وَتَعَالَى «أَرِنِي» دَلِيلٌ عَلَى أَنَّ ذَلِكَ لَيْسَ مُحَالاً.. أَوْ لَيْسَ مُمْكِناً.. لِأَنَّ كَثِيراً مِنَ الرُّسُلِ تَصَرَّفُو تَصَرُّفَاتٍ.. وَلَمْ يَقِفِ اللهُ سُبْحَانَهُ وَتَعَالَى مِنْهُمْ مَوْقِفَ مُوسَى عَلَيْهِ السَّلَامُ.. بَلْ قَالَ: ﴿لَا تَسْأَلْنِ مَا لَيْسَ لَكَ بِهِ عِلْمٌ﴾.. فَإِذَا سَأَلَ نَبِيٌّ سُؤَالٌ يَكُونُ لَا جَوَابَ لَهُ.. فَيَقُولُ: لَا تَسْأَلْنِ مَا لَيْسَ لَكَ بِهِ عِلْمٌ .. وَلَمْ يَقُلْ لِمُوسَى عَلَيْهِ السَّلَامُ لَا تَسْأَلْنِ مَا لَيْسَ لَكَ بِهِ عِلْمٌ.. وَإِنَّمَا قَالَ لَهُ بِالدَّلِيلِ الْمَنْطِقِيِّ: «لَنْ تَرَانِي» أَنْتَ.. وَلَكِنْ انْظُرْ إِلَى الْجَبَلِ فَإِنْ اسْتَقَرَّ.. إِذاً.. فَعَدَمُ تَجَلِّي اللهَ سُبْحَانَهُ وَتَعَالَى عَلَى مُوسَى عَلَيْهِ السَّلَامُ.رَحْمَةً بِهِ.حَتَّى لَا يَتَفَتَّتَ تَفَتُّتَ الْجَبَلِ.. وَالْجَبَلُ الَّذِي هُوَ أَقْوَى مِنْ مُوسَى عَلَيْهِ السَّلَامُ.. ﴿فَلَمَّا تَجَلَّىٰ رَبُّهُ لِلْجَبَلِ جَعَلَهُ دَكًّا وَخَرَّ مُوسَىٰ صَعِقًا﴾.

THE SIGNS OF THE LORD

QUESTION

"Indeed, he saw of the signs of his Lord the greatest." Do we understand from this, then, something other than describing the signs of Allah ﷻ as the greatest?

ANSWER

Yes, we have said: what was on Earth was a 'showing' because it involved humanity. When it moved to the Heavens, the human aspect somewhat dissolved from the Messenger of Allah, and the angelic nature became dominant. He began to speak to the Angels and communicate with the messengers who had died and meet them. After that came the third stage mentioned previously and we said: even Jibrīl, a great Angel, could not withstand it where he said, "Here is my place." This indicates that Muhammad moved to another level beyond the angelic, i.e. to prepare. Why? For the direct speech of Allah and the vision, despite the disagreement about it.

Thus, when Allah ﷻ spoke, what did He say?

> By the star when it descends,
> Your Companion [Muhammad] has not strayed nor has he erred,
> Nor does he speak from [his own] inclination.
> It is not but a revelation revealed,
> Taught to him by one intense in strength –

﴿لَقَدْ رَأَىٰ مِنْ آيَاتِ رَبِّهِ الْكُبْرَىٰ﴾

سُؤَالٌ

بَعْدَ هَذِهِ الصُّورَةِ الرَّائِعَةِ.. يُمْكِنُنَا أَنْ نَعُودَ إِلَى الآيَةِ مَرَّةً أُخْرَى.. ﴿لَقَدْ رَأَىٰ مِنْ آيَاتِ رَبِّهِ الْكُبْرَىٰ﴾.. هَلْ نَفْهَمُ مِنْهَا فَهْماً آخَرَ غَيْرَ وَصْفِ آيَاتِ اللهِ سُبْحَانَهُ وَتَعَالَى بِالْكُبْرَى؟

جَوَابٌ

نَعَمْ.. نَحْنُ قَدْ قُلْنَا: إِنَّ الَّذِي كَانَ فِي الْأَرْضِ «إِرَاءَةً» لِأَنَّ فِيهِ بَشَرِيَّةً.. فَلَمَّا انْتَقَلَ إِلَى السَّمَاءِ انْحَلَّتِ الْبَشَرِيَّةُ بَعْضَ الشَّيْءِ عَنْ رَسُولِ اللهِ ﷺ وَأَصْبَحَتِ الْمَلَائِكِيَّةُ هِيَ الطَّاغِيَةُ.. فَأَصْبَحَ يُخَاطِبُ الْمَلَائِكَةَ.. وَيُكَلِّمُ الرُّسُلَ الَّذِينَ مَاتُوا.. وَيَلْتَقِي بِهِمْ.. وَجَاءَتْ بَعْدَ ذَلِكَ الْمَرْحَلَةُ الثَّالِثَةُ الَّتِي تَكَلَّمْنَا عَنْهَا وَقُلْنَا: إِنَّ جِبْرِيلَ عَلَيْهِ السَّلَامُ نَفْسَهُ وَهُوَ مَلَكٌ مِنَ الْمَلَائِكَةِ الْعِظَامِ.. لَمْ يَقْدِرْ عَلَيْهَا حَيْثُ قَالَ: إِلَى هُنَا مَكَانِي.. وَذَلِكَ يَدُلُّ عَلَى أَنَّ مُحَمَّداً ﷺ.. نَقَلَ نَقْلَةً أُخْرَى فَوْقَ الْمَلَائِكِيَّةِ.. لِيُهَيَّأَ.. لِمَاذَا؟ لِكَلَامِ اللهِ الْمُبَاشِرِ وَإِلَى الرُّؤْيَةِ عَلَى الْخِلَافِ فِيهَا..

إِذاً .. إِنَّ الْحَقَّ سُبْحَانَهُ وَتَعَالَى حِينَمَا تَكَلَّمَ.. مَاذَا قَالَ:

﴿وَالنَّجْمِ إِذَا هَوَىٰ، مَا ضَلَّ صَاحِبُكُمْ وَمَا غَوَىٰ، وَمَا يَنطِقُ عَنِ الْهَوَىٰ، إِنْ هُوَ إِلَّا وَحْيٌ يُوحَىٰ، عَلَّمَهُ شَدِيدُ الْقُوَىٰ، ذُو مِرَّةٍ فَاسْتَوَىٰ، وَهُوَ بِالْأُفُقِ الْأَعْلَىٰ، ثُمَّ دَنَا فَتَدَلَّىٰ، فَكَانَ قَابَ قَوْسَيْنِ أَوْ أَدْنَىٰ، فَأَوْحَىٰ إِلَىٰ عَبْدِهِ مَا أَوْحَىٰ، مَا كَذَبَ الْفُؤَادُ مَا رَأَىٰ، أَفَتُمَارُونَهُ عَلَىٰ مَا يَرَىٰ، وَلَقَدْ رَآهُ نَزْلَةً

> One of soundness. And he rose to [his] true form
> While he was in the higher [part of the] horizon.
> Then he approached and descended,
> And was at a distance of two bow lengths or nearer.
> And he revealed to His servant what he revealed.
> The heart did not lie [about] what it saw.
> So will you dispute with him over what he saw?
> And he certainly saw him another time,
> At the Lote Tree of the Utmost Boundary –
> Near it is the Garden of Refuge –
> When there covered the Lote Tree that which covered [it].
> The sight [of the Prophet] did not swerve, nor did it transgress [its limit].
> He certainly saw of the greatest signs of his Lord.
> (*al-Najm*, 1–18)

The texts of the Qur'an are from Allah ﷻ, and every phrase has its suggestion. When Allah ﷻ says, "So will you dispute with him over what he saw?" meaning: do you argue with him when he tells you he saw such-and-such? [He affirms:] "And he certainly saw him another time at the Lote Tree of the Utmost Boundary." After that, [He describes] what came in the last stage, when He said, "He certainly saw of the greatest signs of his Lord." These are news from Allah ﷻ, not from Muhammad ﷺ – as if Muhammad said what human minds cannot bear. He said, "So will you dispute with him over what he saw? And he certainly saw him another time," and this is a mercy from Allah ﷻ for human minds. Why do you argue with

أُخْرَىٰ، عِندَ سِدْرَةِ الْمُنتَهَىٰ، عِندَهَا جَنَّةُ الْمَأْوَىٰ، إِذْ يَغْشَى السِّدْرَةَ مَا يَغْشَىٰ، مَا زَاغَ الْبَصَرُ وَمَا طَغَىٰ، لَقَدْ رَأَىٰ مِنْ آيَاتِ رَبِّهِ الْكُبْرَىٰ﴾...

هُنَا وَقْفَةٌ.. إِنَّ نُصُوصَ الْقُرْآنِ مِنَ اللهِ سُبْحَانَهُ وَتَعَالَى.. وَكُلُّ لَفْظٍ لَهُ إِيحَاءُهُ.. فَإِذَا قَالَ اللهُ سُبْحَانَهُ وَتَعَالَى:

﴿أَفَتُمَارُونَهُ عَلَىٰ مَا يَرَىٰ﴾..

أَيْ: أَفَتُجَادِلُونَهُ أَنْ قَالَ لَكُمْ رَأَيْتُ كَذَا وَكَذَا وَكَذَا ﴿لَقَدْ رَآهُ نَزْلَةً أُخْرَىٰ، عِندَ سِدْرَةِ الْمُنتَهَىٰ﴾..

وَبَعْدَ ذَلِكَ مَا جَاءَ فِي الْمَرْحَلَةِ الْأَخِيرَةِ..

قَالَ: ﴿لَقَدْ رَأَىٰ مِنْ آيَاتِ رَبِّهِ الْكُبْرَىٰ﴾..

هَذِهِ أَخْبَارٌ مِنَ اللهِ سُبْحَانَهُ وَتَعَالَى وَلَمْ تَكُنْ مِنْ مُحَمَّدٍ ﷺ.. كَأَنَّ مُحَمَّداً ﷺ قَالَ مَا لَا تُطِيقُهُ عُقُولُ الْبَشَرِ..

فَقَالَ: ﴿أَفَتُمَارُونَهُ عَلَىٰ مَا يَرَىٰ﴾.. ﴿وَلَقَدْ رَآهُ نَزْلَةً أُخْرَىٰ﴾..

وَذَلِكَ رَحْمَةٌ مِنَ اللهِ سُبْحَانَهُ وَتَعَالَى بِعُقُولِ الْبَشَرِ.. لِذَلِكَ جَاءَ فِي شَيْءٍ مِنَ الْأَشْيَاءِ.. وَقَالَ: لِمَاذَا تُجَادِلُونَهُ فِي هَذَا؟

﴿لَقَدْ رَأَىٰ مِنْ آيَاتِ رَبِّهِ الْكُبْرَىٰ﴾

فَذَلِكَ أَخْبَاراً مِنَ اللهِ سُبْحَانَهُ وَتَعَالَى.. وَلَيْسَتْ أَخْبَارٌ مِنْ مُحَمَّدٍ ﷺ.. حَيْثُ لَمْ يَقُلْ مُحَمَّدٌ وَإِنَّمَا اللهُ قَالَ.. وَالْكُبْرَىٰ هُنَا عِنْدَ الْمُفَسِّرُونَ حِينَ يَتَكَلَّمُونَ يَجْعَلُونَهَا وَصْفاً لِلآيَاتِ فَهُوَ قَدْ رَأَى آيَاتِ رَبِّهِ..

الآيَاتِ الْكُبْرَى الْعَظِيمَةِ..

لَكِنَّ التَّحْقِيقَ الَّذِي يَقْبَلُهُ الذَّوْقُ السِّيَاقِي..

him about this? "He certainly saw of the greatest signs of his Lord" – this is news from Allah ﷻ, not news from Muhammad, i.e. because Muhammad did not say it, but Allah said [it]. And "the greatest" here, according to the interpreters, is an adjective for "the signs", so he saw the signs of his Lord – the great and tremendous signs. But the investigation that the contextual taste accepts that his saying, "He certainly saw of the greatest signs of his Lord" means he saw the greatest of his Lord's signs. So the signs of Allah ﷻ which he spoke about are signs of signs and it is greatness and wonder that they are attributed to Allah. But there is a greatest sign which the minds pause at. Because if the ordinary signs took this pause, what about it with the described sign from Allah ﷻ as "the greatest sign", i.e. he saw the greatest of the signs of his Lord, as if "the greatest" is the object and not an adjective of the signs.

"He certainly saw of the signs of his Lord …". What did he see? He saw the greatest sign, which is higher than these signs. No doubt Jibrīl was with him on Earth – he participated in these visions – and in Heaven also Jibrīl was with him. But the greatest sign was the last stage, which Jibrīl (and the Angels) could not withstand, and the Messenger of Allah was unique in being able to withstand it.

The text below delves into theological interpretations and enquiries regarding the concept of proximity between the Divine and human realms in Islamic thought.

"Then he approached and descended, and was at a distance of two bow lengths or nearer." Personally, I

أَنَّ قَوْلَهُ: لَقَدْ رَأَى مِنْ آيَاتِ رَبِّهِ الْكُبْرَى.. أَيْ أَنَّهُ رَأَى الآيَةَ الْكُبْرَى مِنْ آيَاتِ رَبِّهِ.. فَكَأَنَّ آيَاتِ اللهِ سُبْحَانَهُ وَتَعَالَى الَّتِي حَدَّثَ عَنْهَا هِيَ آيَاتٌ مِنْ آيَاتٍ وَحَسْبُهَا عَظَمَةٌ وَعَجَباً أَنْ تَنْسِبَ إِلَى اللهِ سُبْحَانَهُ وَتَعَالَى.. لَكِنْ.. هُنَاكَ آيَةٌ كُبْرَىٰ..

وَهِيَ الَّتِي تَقِفُ الْعُقُولُ فِيهَا وَقْفَةٌ.. لِأَنَّهَا إِذَا كَانَتِ الآيَاتُ الْعَادِيَّةُ وَقَفَتْ هَذِهِ الْوَقْفَةَ.. فَمَا بَالُكُمْ بِهَا مَعَ الآيَةِ الْمَوْصُوفَةِ مِنَ اللهِ سُبْحَانَهُ وَتَعَالَى بِأَنَّهَا «الآيَةُ الْكُبْرَى»..

أَيْ: لَقَدْ رَأَى الْكُبْرَى مِنْ آيَاتِ رَبِّهِ..

فَكَأَنَّ «الْكُبْرَى»

هِيَ الْمَفْعُولُ..

وَلَيْسَتْ وَصْفَ الآيَاتِ.. وَلَكِنْ.. «لَقَدْ رَأَى مِنْ آيَاتِ رَبِّهِ».. مَاذَا رَأَى؟

رَأَى «الآيَةَ الْكُبْرَى» الَّتِي هِيَ أَعْلَى مِنْ هَذِهِ الآيَاتِ؟ لَا شَكَّ أَنَّ جِبْرِيلَ كَانَ مَعَهُ فِي الْأَرْضِ.. كَانَ يُشَارِكُهُ فِي هَذِهِ الْمَرَائِي.. وَفِي السَّمَاءِ أَيْضاً كَانَ مَعَهُ جِبْرِيلُ.. لَكِنْ فِي الآيَةِ الْكُبْرَى كَانَتِ الْمَرْحَلَةَ الْأَخِيرَةَ.. الَّتِي لَمْ يَقْدِرْ عَلَيْهَا جِبْرِيلُ.. وَلَا أَحَدَ مِنَ الْمَلَائِكَةِ.. وَقَدْ اِنْفَرَدَ رَسُولُ اللهِ ﷺ بِهَا...

وَإِذَا نَظَرْنَا إِلَى قَوْلِ الْحَقِّ سُبْحَانَهُ وَتَعَالَى أَيْضاً..

﴿ثُمَّ دَنَا فَتَدَلَّىٰ... فَكَانَ قَابَ قَوْسَيْنِ أَوْ أَدْنَىٰ﴾..

أَنَا شَخْصِياً لَسْتُ مَعَ الْمُفَسِّرِينَ حِينَ يُفَسِّرُونَ «دَنَا»..

do not agree with the interpreters when they interpret "approached" as pertaining to Jibrīl. Jibrīl was with Muhammad ﷺ, and since Jibrīl was with him, who was it that approached? And who was it that was at the distance of two bow lengths or even closer? This gives us another consideration that the closeness ("Then He approached and came closer") implies something else from his Lord or his Lord from him, an intimacy that comes from seeing or speaking to the Truth ﷻ.

الْمَدْنُونُ وَالِدَانِي.. جِبْرِيلُ.. وَالسَّبَبُ أَنَّ جِبْرِيلَ مَعَ مُحَمَّدٍ ﷺ وَمَا دَامَ جِبْرِيلُ مَعَهُ.. فَمَنِ الَّذِي دَنَا؟ وَمِنَ الَّذِي كَانَ قَابَ قَوْسَيْنِ أَوْ أَدْنَى؟ ذَلِكَ مَلْحَظٌ آخَرُ يُعْطِينَا أَنَّ الدُّنُوَّ.. «ثُمَّ دَنَا فَتَدَلَّى».. بِشَيْءٍ آخَرَ.. مِنْ رَبِّهِ.. أَوْ رَبَّهُ مِنْهُ.. إِينَاسَ بِمَا يَكُونُ مِنْ رُؤْيَتِهِ لِلْحَقِّ سُبْحَانَهُ وَتَعَالَى.. أَوْ مِنْ كَلَامِ الْحَقِّ سُبْحَانَهُ وَتَعَالَى لَهُ..

THERE IS NOTHING WHATSOEVER LIKE HIM

QUESTION

If we consider the closeness of the Messenger ﷺ from Allah ﷻ or the closeness of Allah ﷻ from him, does this not imply incarnation or embodiment, and Allah is Exalted above that?

ANSWER

We have said that Allah ﷻ exists and I exist. Does Allah's existence equate to my existence, knowing that I am speaking with Brother So-and-so, and Allah ﷻ knows that? Is my knowledge like the knowledge of Allah ﷻ? I am described as living, and Allah ﷻ is described as living. Is the life of Allah ﷻ, as they describe, like my life? Then why do they interpret that the closeness and descent of Allah ﷻ or the closeness and descent of the Messenger of Allah ﷺ are like my closeness and my descent? Since we say "Glorified is He" if something is found for Allah ﷻ similar to that for humans, we must attribute it to the original concept of His transcendence. If Allah ﷻ has been described with things like, "He rose over the Throne" and we also have our rising on a chair, we do not say that Allah's rising is like my rising because I did not say that His existence is like my existence, nor His knowledge like my knowledge, nor His self-sufficiency like my self-sufficiency, nor His life like my life. Why? Because closeness

لَيْسَ كَمِثْلِهِ شَيْءٌ

سُؤَالٌ

هَلْ إِذَا ذَهَبْنَا إِلَى الْقَوْلِ بِدُنُوِّ الرَّسُولِ ﷺ مِنَ اللهِ سُبْحَانَهُ وَتَعَالَى أَوْ دُنُوِّ اللهِ سُبْحَانَهُ وَتَعَالَى مِنْهُ.. أَلَا يُوجَدُ مَعْنَى التَّجَسُّدِ.. أَوِ التَّحَيُّزِ.. وَاللهُ سُبْحَانَهُ وَتَعَالَى مُنَزَّهٌ عَنْ ذَلِكَ؟

جَوَابٌ

نَحْنُ قَدْ قُلْنَا: إِنَّ اللهَ سُبْحَانَهُ وَتَعَالَى «مَوْجُودٌ» وَأَنَا «مَوْجُودٌ» .. فَهَلْ وُجُودُ اللهِ سُبْحَانَهُ وَتَعَالَى كَوُجُودِي أَنَا.. وَأَنَا اعْلَمُ بِأَنَّنِي أَتَكَلَّمُ مَعَ الْأَخِ رِيَّاض.. وَاللهُ سُبْحَانَهُ وَتَعَالَى يَعْلَمُ ذَلِكَ؟ فَهَلْ عِلْمِي كَعِلْمِ اللهِ سُبْحَانَهُ وَتَعَالَى؟ وَأَنَا أُوصَفُ بِأَنَّنِي حَيٌّ.. وَاللهُ سُبْحَانَهُ وَتَعَالَى يُوصَفُ بِأَنَّهُ حَيٌّ.. فَهَلْ حَيَاةُ اللهِ سُبْحَانَهُ عَمَّا يَصِفُونَ كَحَيَاتِي أَنَا؟ إِذاً لِمَاذَا يُفَسِّرُونَ أَنَّ دُنُوَّ اللهِ سُبْحَانَهُ وَتَعَالَى وَتَدَلِّيهِ أَوْ دُنُوَّ الرَّسُولِ ﷺ وَتَدَلِّيهِ.. كَدُنُوِّي أَنَا وَتَدَلِّينِي.. وَمَا دُمْنَا قُلْنَا: «سُبْحَانَ».. فَإِذَا أُوجِدَ شَيْءٌ للهِ سُبْحَانَهُ وَتَعَالَى مِثْلَهُ لِلْبَشَرِ.. فَلَا بُدَّ أَنْ نَنْسِبَهَا إِلَى سُبْحَانَهُ وَتَعَالَى نَنْسِبُهَا إِلَى الْأَصْلِ فِي سُبْحَانَهُ.. وَإِذَا كَانَ اللهُ سُبْحَانَهُ وَتَعَالَى قَدْ وُصِفَ بِأَشْيَاءٍ مِثْلَ: ﴿اسْتَوَىٰ عَلَى الْعَرْشِ﴾.. وَنَحْنُ لَنَا اسْتِوَاءٌ أَيْضاً عَلَى الْكُرْسِيِّ.. فَلَا نَقُولُ: إِنَّ اسْتِوَاءَ اللهِ سُبْحَانَهُ وَتَعَالَى كَاسْتِوَائِي.. لِأَنَّنِي لَمْ أَقُلْ: إِنَّ وُجُودَهُ كَوُجُودِي.. وَلَا عِلْمُهُ كَعِلْمِي... وَلَا غِنَاهُ كَغِنَايَ.. وَلَا حَيَاتُهُ كَحَيَاتِي.. لِمَاذَا؟ قَالُوا: لِأَنَّ الدُّنُوَّ وَالتَّدَلِّي مِنْ صِفَةِ الْأَجْرَامِ... وَاللهُ سُبْحَانَهُ وَتَعَالَى مُنَزَّهٌ عَنِ

and descent are characteristics of bodies, and Allah عز وجل is free from corporeality. Therefore, we must understand the action relative to the doer. And assuming that it was Allah عز وجل who approached and descended, is it not He عز وجل who descends to the lowest Heaven every night as in the noble Hadith, where He says, "Is there anyone seeking forgiveness so that I may forgive him?" I do not imagine this descent as being like my descent. Why? Because I have a general framework, while He عز وجل is like nothing else. If a description exists for Allah عز وجل and a similar description exists for humans, I must associate the description with Allah عز وجل because His description is not like mine. And Allah is transcendent beyond having my essence like His essence, my actions like His actions, my qualities like His qualities. For He عز وجل is like nothing else.

الْجَرَامِيَّةِ.. إذاً.. يَجِبُ أَنْ نَأْخُذَ الْفِعْلَ بِالنِّسْبَةِ لِفَاعِلِهِ.. وَعَلَى فَرْضِ أَنَّ اللهَ سُبْحَانَهُ وَتَعَالَى هُوَ الَّذِي دَنَا فَتَدَلَّى.. أَلَيْسَ اللهُ سُبْحَانَهُ وَتعَالَى يَنْزِلُ إِلَى السَّمَاءِ الدُّنْيَا كُلَّ لَيْلَةٍ كَمَا فِي الْحَدِيثِ الشَّرِيفِ: فَيَقُولُ: «هَلْ مِنْ تَائِبٍ فَأَتُوبُ عَلَيْهِ.. هَلْ مِنْ مُسْتَغْفِرٍ فَأَغْفِرُ لَهُ..».. فَلَا أَتَصَوَّرُ التَّنَزُّلَ بِأَنَّهُ تَنَزُّلٌ لِتَنَزُّلِي.. لِمَاذَا؟ لِأَنَّنِي عِنْدِي إِطَارٌ عَامٌّ وَهُوَ.. أَنَّهُ سُبْحَانَهُ وَتَعَالَى لَيْسَ كَمِثْلِهِ شَيْءٌ.. فَإِذَا أُوجِد وَصْفٌ لله سُبْحَانَهُ وَتَعَالَى.. وَوُجِدَ وَصْفٌ مِثْلُهُ لِلْبَشَرِ.. فَيَجِبُ أَنْ أَقْرِنَ الْوَصْفَ بِاللهِ سُبْحَانَهُ وَتَعَالَى.. لِأَنَّهُ لَيْسَ وَصْفُهُ كَوَصْفِي.. وَاللهُ مُنَزَّهٌ عَنْ أَنْ تَكُونَ ذَاتِي كَذَاتِهِ.. وَفِعْلِي كَفِعْلِهِ.. وَصِفَاتِي كَصِفَاتِهِ.. فَهُوَ سُبْحَانَهُ وَتَعَالَى لَيْسَ كَمِثْلِهِ شَيْءٌ...

ALLEGORIES AND CONCEPTS

QUESTION

We now wish to discuss the visions in the event of Isrāʾ. Why was this particular type of vision chosen? We note, as we mentioned earlier, the Prophet Muhammad ﷺ being given the choice between milk and wine, where he chose milk, and that he passed by some people who were planting and harvesting on the same day or in the same hour, these being the *mujāhidīn*. And that he saw people with cheeks like the cheeks of camels, and others who were eating fireballs, then he informs that these were the ones who consume the wealth of orphans. What are these concepts and others? What do they signify? What do they mean? Who are the preachers of sedition?

ANSWER

The methodology of the prophets has always been that they come from Allah ﷻ, the Creator of man, with a law for maintaining that man. We are all convinced that the maker of a product is the one who decides its maintenance law, just like the maker of a television is the one who decides how it should be maintained and used. Thus, every human-made product has its maintenance law set by its maker. Since no one else claims to have created humans, humans are the creation of Allah ﷻ, and it is He who defines the maintenance law for that human. For Allah does not create a creation and then allow the cre-

أَمْثِلَةٌ وَصُوَرٌ

سُؤَالٌ

فَضِيلَةَ الْأُسْتَاذِ مُحَمَّد مُتَوَلِّي الشَّعْرَاوِي..

نَوَدُّ الآنَ أَنْ نَتَنَاوَلَ الْمَرَائِي فِي حَدَثِ الْإِسْرَاءِ؟ وَلِمَاذَا كَانَ هَذَا النَّوْعُ بِالذَّاتِ مِنَ الْمَرَائِي؟ أَقْصِدُ أَنَّنَا نُلَاحِظُ كَمَا ذَكَرْنَا فِي صَدْرِ كَلَامِنَا تَخْيِيرَ النَّبِيِّ مُحَمَّدٍ ﷺ بَيْنَ اللَّبَنِ وَالْخَمْرِ.. حَيْثُ اخْتَارَ النَّبِيُّ مُحَمَّدٌ ﷺ اللَّبَنَ.. وَأَنَّهُ مَرَّ عَلَى بَعْضٍ مِنَ النَّاسِ يَزْرَعُونَ وَيَحْصُدُونَ فِي نَفْسِ الْيَوْمِ.. أَوْ فِي نَفْسِ السَّاعَةِ.. وَهَؤُلَاءِ هُمُ الْمُجَاهِدُونَ.. وَأَنَّهُ وَجَدَ أُنَاساً لَهُمْ مَشَافِرُ كَمَشَافِرِ الْإِبِلِ.. وَآخَرُونَ يَأْكُلُونَ كُرَاتٍ مِنَ النَّارِ.. ثُمَّ يُخْبِرُ بِأَنَّهُمُ الَّذِينَ يَأْكُلُونَ أَمْوَالَ الْيَتَامَى.. مَا هِيَ هَذِهِ الصُّوَرُ وَغَيْرُهَا؟ وَمَا دَلَالَتُهَا؟ وَمَعْنَاهَا؟ وَمَنْ هُمْ خُطَبَاءُ الْفِتْنَةِ؟ نُرِيدُ أَنْ نَعْرِفَ شَيْئاً عَنْ كُلِّ ذَلِكَ؟

جَوَابٌ

إِنَّ مِنْهَاجَ الرُّسُلِ دَائِماً أَنَّهُمْ يَأْتُونَ مِنَ اللهِ سُبْحَانَهُ وَتَعَالَى خَالِقُ الْإِنْسَانِ بِقَانُونِ صِيَانَةِ ذَلِكَ الْإِنْسَانِ.. لِأَنَّنَا جَمِيعاً مُقْتَنِعُونَ بِأَنَّ صَانِعَ الصَّنْعَةِ هُوَ الَّذِي يُقَرِّرُ قَانُونَ صِيَانَتِهَا.. وَأَنَّ صَانِعَ التِّلِفِزْيُونَ هُوَ الَّذِي يُقَرِّرُ قَانُونَ صِيَانَتِهِ.. وَكَيْفِيَّةَ اسْتِعْمَالِهِ وَتَشْغِيلِهِ.. إِذاً.. فَكُلُّ مَصْنُوعٍ صِنْعَتُهُ مِنَ الْبَشَرِ هُوَ الَّذِي يَضَعُ قَانُونَ صِيَانَةِ الْمَصْنُوعِ الَّذِي صَنَعَهُ.. وَحَيْثُ أَنَّهُ لَمْ يُوجَدْ أَحَدٌ يَدَّعِي أَنَّهُ خَلَقَ الْإِنْسَانَ.. إِذاً.. فَالْإِنْسَانُ صِنْعَتُهُ اللهُ سُبْحَانَهُ وَتَعَالَى.. وَاللهُ سُبْحَانَهُ وَتَعَالَى هُوَ الَّذِي يُحَدِّدُ قَانُونَ صِيَانَةِ ذَلِكَ

ation to set the maintenance law for it. This situation is like me taking my television to a butcher to fix it. It is nonsensical because the one who creates something is the one who should regulate its maintenance – "Does He who creates not know?" – and what points to this is that all human legislation, even with the best intention for goodness and reform, is prone to change and replacement. No human-made law persists without enforcement to protect it. Once the enforcement goes, the law naturally disintegrates. It is like behind every human law there is a force protecting it, and when that force is gone, the law fades away. I want to say to those who legislate: human laws regulate for the human psyche. What do you know about the human psyche? You know one angle! But you are ignorant of other angles. What is the human psyche? It is not just a stomach and a digestive system, it is not just an intellect that perceives and understands, nor is it just a conscience. It encompasses multiple faculties, and you do not yet know the number of these faculties. How can you legislate for something you do not fully understand?

Therefore, those who legislate know something and legislate for it, leaving other psychological aspects starving. What happens to a human composed of all these faculties? With some faculties satiated and others starving, the person is bound to experience tearing and psychological distress. For instance, consider Sweden, which according to statistics has the highest standard of living. Individuals there enjoy high luxury, yet this country has the highest suicide rate among its youth, in addition to their neurological and psychological diseases, etc. This

الْإِنْسَانِ.. لِأَنَّ اللهَ لَا يَخْلُقُ خَلْقَهُ.. وَبَعْدَ ذَلِكَ يَتَدَخَّلُ الْخَلْقُ لِيَضَعُوا قَانُونَ الصِّيَانَةِ لَهُ.. هَذِهِ حَالَةٌ كَحَالَةِ أَنْ أَذْهَبَ أَنَا بِالتِّلِفِزْيُونِ إِلَى الْجَزَّارِ لِكَيْ يُصْلِحَهُ لِي.. لَا فَالَّذِي يَضَعُ قَانُونَ صِيَانَةِ الشَّيْءِ هُوَ الَّذِي خَلَقَ.. ﴿أَلَا يَعْلَمُ مَنْ خَلَقَ﴾ .. وَالَّذِي يَدُلُّكَ عَلَى ذَلِكَ.. أَنَّ كُلَّ تَشْرِيعٍ مِنْ تَشْرِيعَاتِ الْبَشَرِ أَنَّ أَحْسَنَ الظَّنِّ بِرَغْبَتِهِمْ فِي الْخَيْرِ.. وَرَغْبَتِهِمْ فِي الْإِصْلَاحِ.. عُرْضَةٌ لِأَنْ يَتَغَيَّرَ وَيَتَبَدَّلَ.. وَأَنْ يَذْهَبَ وَيَجِيءَ غَيْرُهُ.. وَلَا يَبْقَى قَانُونٌ مِنْ قَوَانِينِ الْوَضْعِ الْبَشَرِيِّ إِلَّا بِبَقَاءِ السَّوْطِ الَّذِي يَحْمِيهِ.. فَإِذَا ذَهَبَ السَّوْطُ الَّذِي يَحْمِيهِ انْحَلَّ الْقَانُونُ بِطَبِيعَتِهِ.. فَكَأَنَّ وَرَاءَ كُلِّ قَانُونٍ بَشَرِيٍّ قُوَّةٌ تَحْمِيهِ.. وَحِينَ تَذْهَبُ هَذِهِ الْقُوَّةُ.. يَضْمَحِلُّ وَأُحِبُّ أَنْ أَقُولَ لِلَّذِينَ يُقَنِّنُونَ:

إِنَّ الْقَوَانِينَ الْبَشَرِيَّةَ تُقَنِّنُ لِلنَّفْسِ الْإِنْسَانِيَّةِ.. فَمَاذَا عَرَفْتُمْ فِي النَّفْسِ الْإِنْسَانِيَّةِ؟ أَنْتُمْ تَعْرِفُونَ زَاوِيَةً! وَلَكِنَّكُمْ تَجْهَلُونَ زَوَايَا.. مَا هِيَ النَّفْسُ الْإِنْسَانِيَّةُ؟ هِيَ لَيْسَتْ بَطْنٌ وَمَعِدَةٌ فَقَطْ.. وَهِيَ لَيْسَتْ عَقْلًا يَعِي وَيَفْهَمُ فَقَطْ.. وَهِيَ لَيْسَتْ وِجْدَاناً فَقَطْ.. إِنَّهَا مَلَكَاتٌ مُتَعَدِّدَةٌ.. وَأَنْتُمْ إِلَى الْآنَ لَا تَعْرِفُونَ عَدَدَ هَذِهِ الْمَلَكَاتِ.. فَكَيْفَ تُقَنِّنُونَ لِشَيْءٍ لَا تَعْرِفُونَهُ...

إِذاً.. إِنَّ الْمُقَنِّنُونَ يَعْرِفُونَ شَيْئاً فَيُقَنِّنُونَ لَهُ.. وَيَتْرُكُونَ الْمَلَكَاتِ الْأُخْرَى النَّفْسِيَّةِ جَائِعَةً.. وَهُنَا مَاذَا يَحْدُثُ لِلْإِنْسَانِ الْمُشْتَمِلِ عَلَى كُلِّ هَذِهِ الْمَلَكَاتِ؟ وَفِيهِ مَلَكَةٌ شَبِعَةٌ.. وَمَلَكَاتٌ جَائِعَةٌ.. لَا بُدَّ أَنْ يَحْصُلَ التَّمَزُّقُ وَالْقَلَقُ النَّفْسِيُّ لَهُ.. وَالدَّلِيلُ عَلَى ذَلِكَ مَثَلًا: الْجَمَاعَةُ الَّذِينَ يَعْتَبِرُونَ النِّظَامَ الِاقْتِصَادِيَّ هُوَ كُلُّ شَيْءٍ فِي الدُّنْيَا كَالسُّوِيدِ.. الَّتِي هِيَ

shows that the stomach is not everything, nor are material things everything. There are starving faculties in these souls. Otherwise, what drives a person to suicide and to forsake life? The reason is that they are anxious and do not know the source of their anxiety, nor a way to cure it, because there are psychological faculties that humans have neglected to legislate for, and if they do legislate, it is a legislation ignorant of their creation.

Thus, the one who creates something is the one who should legislate for it. Therefore, Allah ﷻ, who created creation and the human psyche, is the One who legislates for it. The prophets came to organize the movement of life in mankind and to maintain it. Since this is the mission of the prophets ﵈, they will face economic, political, operational, social, and moral laws, and they will be exposed to many things, including worship laws. In the worship law where Allah ﷻ says, "Approach Me by doing so", the intellect has no place in it because Allah ﷻ tells you to approach Him by praying five specific prayers. But in other laws related to the system of society, politics, or social interaction, etc., discuss them as much as you want with your intellect and compare them with any economic law in the world. You will find that the laws Islam has set for social life aspects are superior and are pioneers. In all aspects of deviation, there is no room for intellect, and one must approach Allah ﷻ as He wishes. As for matters other than deviations, discuss them with your intellect and compare them with the highest standards and you will find them distinguished and pioneering, with comprehensiveness and inclusivity. The proof of this is that

بِالْإِحْصَائِيَّاتِ أَرْقَى دَوْلَةٍ فِي مُسْتَوَى الْمَعِيشَةِ.. فَالْفَرْدُ فِيهَا مُرَفَّهٌ رَفَاهِيَةٍ عَالِيَّةً جِداً.. وَمَعَ ذَلِكَ فَفِي هَذِهِ الدَّوْلَةِ الرَّاقِيَةِ أَعْلَى نِسْبَةَ انْتِحَارٍ بَيْنَ شَبَابِهَا.. عِلَاوَةً عَلَى أَمْرَاضِهِمْ الْعَصَبِيَّةِ وَالْجُنُونِيَّةِ.. الخ.. وَهَذَا دَلِيلٌ عَلَى أَنَّهُ لَيْسَتِ الْمَعِدَةُ هِيَ كُلُّ شَيْءٍ.. وَلَا الْمَادِيَّاتُ هِيَ كُلُّ شَيْءٍ... فَهُنَاكَ مَلَكَاتٌ جَائِعَاتٌ فِي هَذِهِ النُّفُوسِ.. وَإِلَّا فَمَا الَّذِي يَدْعُو الْإِنْسَانَ.. إِلَى الْإِنْتِحَارِ وَتَرْكِ الْحَيَاةِ؟ وَالسَّبَبُ أَنَّ لَدَيْهِ قَلَقاً! وَهُوَ بِحَدِّ ذَاتِهِ لَا يَعْرِفُ مَصْدَرَهُ! وَلَا يَعْرِفُ طَرِيقاً لِعِلَاجِهِ! لِأَنَّ فِيهِ مَلَكَاتٌ نَفْسِيَّةٌ جَهِلَهَا الْبَشَرُ.. فَلَمْ يُقَنِّنُوا لَهَا.. وَإِنْ قَنَّنُوا لَهَا فَتَقْنِينٌ جَاهِلٌ بِهَا لَمْ يَخْلُقْهَا...

إِذاً.. فَالَّذِي يَخْلُقُ الشَّيْءَ هُوَ الَّذِي يُقَنِّنُ لَهُ.. وَعَلَى ذَلِكَ.. فَالْحَقُّ سُبْحَانَهُ وَتَعَالَى هُوَ الَّذِي خَلَقَ الْخَلْقَ وَهُوَ الَّذِي خَلَقَ النَّفْسَ الْبَشَرِيَّةَ.. وَهُوَ الَّذِي يُقَنِّنُ لَهَا.. وَقَدْ جَاءَ الرُّسُلُ لِتَنْظِيمِ حَرَكَةِ الْحَيَاةِ فِي ذَلِكَ الْإِنْسَانِ.. وَبِقَانُونِ صِيَانَتِهِ.. وَمَا دَامَتْ هَذِهِ هِيَ مُهِمَّةُ الرُّسُلِ عَلَيْهِمُ الصَّلَوَاتُ وَالسَّلَامُ.. وَهُمْ بِدَوْرِهِمْ سَيَتَعَرَّضُونَ لِقَوَانِينَ اقْتِصَادِيَّةٍ وَسِيَاسِيَّةٍ وَعَمَلِيَّةٍ وَاجْتِمَاعِيَّةٍ وَخُلُقِيَّةٍ.. وَسَيَتَعَرَّضُونَ لِأَشْيَاءَ كَثِيرَةً مِنْهَا الْقَوَانِينُ التَّعَبُّدِيَّةُ.. وَفِي الْقَانُونِ التَّعَبُّدِيِّ الَّذِي يَقُولُ فِيهِ اللهُ سُبْحَانَهُ وَتَعَالَى... تَقَرَّبْ إِلَيَّ بِكَذَا.. وَلَيْسَ لِلْعَقْلِ مَجَالٌ فِيهِ.. لِأَنَّ اللهَ سُبْحَانَهُ وَتَعَالَى يَقُولُ لَكَ.. تَقَرَّبْ إِلَيَّ بِأَنْ تُصَلِّي خَمْسَ صَلَوَاتٍ بِشَكْلٍ مَخْصُوصٍ.. وَلَكِنْ فِي الْقَوَانِينِ الْأُخْرَى الَّتِي تَتَعَلَّقُ بِنِظَامِ الْمُجْتَمَعِ... سِيَاسَةٌ أَوِ اجْتِمَاعٌ.. أَوْ.. أَوْ... إِلَى آخِرِهِ.. فَنَاقِشْهَا مَا شِئْتَ بِعَقْلِكَ.. وَقَارِنْهَا بِأَيِّ قَانُونٍ اقْتِصَادِيٍّ فِي الْعَالَمِ... وَسَتَجِدُ أَنَّ الْقَوَانِينَ الَّتِي وَضَعَهَا الْإِسْلَامُ لِزَوَايَا

the things that enemies of Islam took against Islam when they adjusted their laws, the adjusted law would meet with the Islamic viewpoint if the law was sound. For example, they were initially opposed to Islam on the issue of divorce, and then they ended in Italy and in other countries to the conclusion that the only sound solution to severe family issues is the legalization of divorce because they found the evils of not having divorce to be greater. Thus, they rise, or they are enlightened, or tortured by the reality of life, [and ultimately] they return directly to the law of Islam. For example, America, we know, has spent and continues to spend millions of dollars trying to prohibit or reduce alcohol consumption, and Islam has prohibited it from its very first steps. The practice of polygamy, which they considered a flaw in Islam, they are now considering incorporating into their laws because it is considered better than the system they have. And even economic laws, if you look at them and find them rising, you will find them in their ascent meeting with the Islamic theory. Islam came from the shortest path. Why? Because it is the legislation of the One who knows, the One who created, and it is the legislation of the Creator of man, and He is the One who sent that regulation.

When Allah ﷻ brings organization, we find in it things that we now call in educational methods 'illustrative tools'. These tools transform theoretical discourse into practical language. The meaning of these illustrative tools is that they are material, practical things that show us the truth of the theoretical issue. For example, if the temperature decreases, bodies expand. To prove this, we must demon-

الْحَيَاةِ الْاِجْتِمَاعِيَّةِ هِيَ الْمُتَفَوِّقَةُ وَهِيَ ذَاتُ السَّبْقِ.. فَفِي كُلِّ التَّبَعُّدِيَّاتِ.. لَا مَجَالَ لِلْعَقْلِ وَيَجِبُ التَّقَرُّبُ للهِ سُبْحَانَهُ وَتَعَالَى بِمَا يُرِيدُ.. أَمَّا مَا عَدَا التَّبَعُّدِيَّاتِ فَنَاقِشْهَا بِعَقْلِكَ.. وَقَارِنْهَا بِأَرْقَى الْمُسْتَوَيَاتِ وَسَتَجِدُ السَّبْقَ وَالتَّمْيِيزَ لَهَا.. مَعَ الشُّمُولِ وَالْاِسْتِيعَابِ.. وَالدَّلِيلُ عَلَى ذَلِكَ أَنَّ الْأَشْيَاءَ الَّتِي كَانَ أَعْدَاءُ الْإِسْلَامِ يَأْخُذُونَهَا عَلَى الْإِسْلَامِ حِينَمَا كَانُوا يُعَدِّلُونَ قَوَانِينَهُمْ.. كَانَ الْقَانُونُ بَعْدَ تَعْدِيلِهِ يَلْتَقِي مَعَ وِجْهَةِ نَظَرِ الْإِسْلَامِ إِذَا كَانَ الْقَانُونُ سَلِيماً.. فَمَثَلاً كَانُوا ثَائِرِينَ عَلَى الْإِسْلَامِ فِي مَسْأَلَةِ الطَّلَاقِ.. وَبَعْدَ ذَلِكَ انْتَهُوا فِي إِيطَالْيَا وَفِي بَعْضِ الدُّوَلِ الْأُخْرَىٰ إِلَى أَنَّ الْحَلَّ السَّلِيمَ وَالْوَحِيدَ لِمُشْكِلَاتٍ أُسَرِيَّةٍ مُسْتَعْصِيَّةٍ هُوَ «إِبَاحَةُ الطَّلَاقِ».. وَذَلِكَ لِأَنَّهُمْ وَجَدُوا شُرُورَ عَدَمِ الطَّلَاقِ أَكْثَرَ.. وَلِذَلِكَ فَهُمْ حُكْماً يَرْتَقُونَ.. أَوْ يَسْتَنِيرُونَ.. أَوْ تُعَذِّبُهُمْ هَذِهِ الْحَيَاةُ بِوَاقِعِهَا.. يَعُودُونَ بِشَكْلٍ مُبَاشِرٍ إِلَى قَانُونِ الْإِسْلَامِ.. وَمَثَلاً.. إِنَّ أَمْرِيكَا نَعْرِفُ أَنَّهَا صَرَفَتْ وَلَا زَالَتْ مِنْ أَجْلِ مُحَاوَلَةِ تَحْرِيمِ أَوْ تَخْفِيفِ شُرْبِ الْخُمُورِ مَلَايِينَ الدُّولَارَاتِ.. وَالْإِسْلَامُ جَاءَ مِنْ أَوَّلِ خُطُوَاتِهِ فَحَرَّمَهَا.. وَتَعَدُّدُ الزَّوْجَاتِ الَّذِي جَعَلُوهُ عَيْباً مِنْ عُيُوبِ الْإِسْلَامِ.. هُمُ الْآنَ يَبْحَثُونَ فِي ضَمِّهِ لِقَوَانِينِهِمْ لِأَنَّهُ يَعْتَبِرُ أَفْضَلَ مِنَ النِّظَامِ الْمَوْجُودِ لَدَيْهِمْ.. وَالْقَوَانِينُ الْاِقْتِصَادِيَّةُ أَيْضاً.. إِذَا نَظَرْتَ إِلَيْهَا.. وَوَجَدْتَهَا تَرْقَى.. فَسَتَجِدُهَا فِي رُقِيِّهَا تَلْتَقِي مَعَ نَظَرِيَّةِ الْإِسْلَامِ.. فَالْإِسْلَامُ جَاءَ مِنْ أَقْصَرِ طَرِيقٍ.. لِمَاذَا؟ لِأَنَّهُ تَقْنِينُ مَنْ يَعْلَمُ.. مَنْ خَلَقَ.. وَهُوَ تَقْنِينُ خَالِقِ الْإِنْسَانِ.. وَهُوَ الَّذِي أَرْسَلَ ذَلِكَ التَّنْظِيمَ... حِينَ يَأْتِي اللهُ سُبْحَانَهُ وَتَعَالَى بِالتَّنْظِيمِ.. نَجِدُ فِيهِ أَشْيَاءَ نُسَمِّيهَا نَحْنُ فِي

strate it practically. An example of this: we take a metal ring and pass a ball through it. We find that the ball passes through the ring easily. But if the ball is heated and then we try to pass it through the metal ring, it will not fit. Why? Because the size of the ball has expanded with the heat. This is an illustrative tool that has explained this theoretical matter to us.

Religion comes with legislations. The Prophet Muhammad ﷺ saw in these visions things. These things give him the reality of the systematic commands that the responsibility came with. The first thing it presents to us is the matter of *fiṭrah* (innate nature) and changing the *fiṭrah*. A cup of milk and a cup of wine were presented to the Prophet Muhammad ﷺ, and he chose the cup of milk. Here, Jibrīl said to him, "You have been guided to the *fiṭrah*." Let us ask, what does being guided to the *fiṭrah* mean? It is as if the *fiṭrah*, by its nature, is pure because the milk we drink from our mothers or the milk we drink from animals has no human fabrication in it. We drink it as it is, which is the *fiṭrah*. But with wine, we take a good provision – grapes – and then we come and spoil it when we ferment it and make it rot and decompose. Thus, we have taken it away from its *fiṭrah*. So, when the Qurʾan presents this, it comes with circumstances: the Arabs used to drink wine and say, "intoxication". It says in His noble Book: "And from the fruits of the palm trees and the grapevines you take intoxicant and good provision." True, they take from it intoxication and provision. Look at the precision in "good provision". When it came with provision, it described it as good, and in intoxica-

الْوَسَائِلِ التَّرْبَوِيَّةِ الآنَ وَسَائِلَ إِيضَاحٍ.. وَوَسَائِلُ الْإِيضَاحِ هَذِهِ.. تَنْقُلُ الْكَلَامَ النَّظَرِيَّ إِلَى كَلَامٍ عَمَلِيٍّ.. وَمَعْنَى وَسَائِلُ الْإِيضَاحِ أَنَّهَا أَمْرٌ مَادِّيٌّ.. عَمَلِيٌّ.. يُرِينَا صِدْقَ الْقَضِيَّةِ النَّظَرِيَّةِ.. فَإِذَا قُلْتَ الْحَرَارَةُ تَمَدَّدَتِ الْأَجْسَامُ.. فَلِكَيْ نُثْبِتَ ذَلِكَ لَا بُدَّ أَنْ نُوَضِّحَهُ بِشَكْلٍ عَمَلِيٍّ.. مِثَالٌ عَلَى ذَلِكَ:

نَأْتِي بِحَلَقَةٍ مَعْدِنِيَّةٍ وَنُمَرُّ بِهَا الْكُرَةَ.. وَسَنَجِدُ أَنَّ الْكُرَةَ تَمُرُّ مِنَ الْحَلَقَةِ بِسُهُولَةٍ.. وَلَكِنْ لَوْ سَخَنَتِ الْكُرَةُ.. وَحَاوَلْنَا بَعْدَ ذَلِكَ إِدْخَالَهَا فِي الْحَلَقَةِ الْمَعْدِنِيَّةِ.. لَنْ تَدْخُلَ! لِمَاذَا؟ لِأَنَّ حَجْمَ الْكُرَةِ قَدْ تَمَدَّدَ بِالْحَرَارَةِ.. هَذِهِ هِيَ وَسِيلَةُ إِيضَاحٍ قَدْ بَيَّنَتْ لَنَا هَذِهِ الْمَسْأَلَةَ النَّظَرِيَّةَ...

وَالدِّينُ يَأْتِي بِتَشْرِيعَاتٍ.. فَالرَّسُولُ ﷺ رَأَى فِي هَذِهِ الْمَرَائِي أَشْيَاءَ... وَهَذِهِ الْأَشْيَاءُ تُعْطِي لَهُ وَاقِعَ الْأَوَامِرِ الْمَنْهَجِيَّةِ الَّتِي أَتَى بِهَا التَّكْلِيفُ.. فَأَوَّلُ شَيْءٍ يَعْرِضُهُ لَنَا.. مَسْأَلَةُ الْفِطْرَةِ.. وَتَغْيِيرُ الْفِطْرَةِ.. وَقَدْ عُرِضَ عَلَى رَسُولِ اللهِ ﷺ كَأْسٌ مِنَ اللَّبَنِ.. وَكَأْسٌ مِنَ الْخَمْرِ.. فَاخْتَارَ عَلَيْهِ الصَّلَاةُ وَالسَّلَامُ كَأْسَ اللَّبَنِ.. وَهُنَا.. قَالَ لَهُ جِبْرِيلُ: «هُدِيتَ إِلَى الْفِطْرَةِ».. وَلِنَتَسَاءَلَ.. مَا مَعْنَى هُدِيتَ إِلَى الْفِطْرَةِ؟ كَأَنَّ الْفِطْرَةَ بِطَبِيعَتِهَا نَقِيَّةٌ.. لِأَنَّ اللَّبَنَ الَّذِي نَشْرَبُهُ مِنْ أُمَّهَاتِنَا أَوِ اللَّبَنُ الَّذِي نَشْرَبُهُ مَثَلًا مِنَ الْبَهَائِمِ لَا صِنْعَةَ لِلْإِنْسَانِ فِيهِ! إِذْ أَنَّنَا نَشْرَبُهُ كَمَا يَنْزِلُ.. فَهَذِهِ هِيَ الْفِطْرَةُ.. لَكِنْ فِي الْخَمْرِ.. نَحْنُ نَأْخُذُ رِزْقًا مِنَ الرِّزْقِ الْحَسَنِ. عِنَبٌ. وَبَعْدَ ذَلِكَ نَأْتِي فَنُتْلِفَهُ حِينَ نُخَمِّرُهُ وَنَجْعَلُهُ يَنْتِنُ وَيَتَحَلَّلُ.. إِذاً.. نَحْنُ قَدْ أَخْرَجْنَاهُ عَنْ فِطْرَتِهِ.. لِذَلِكَ حِينَمَا يَعْرِضُ الْقُرْآنُ ذَلِكَ يَأْتِي بِالْحَيْثِيَّاتِ..: كَانَ

tion, it remained silent about it because it is not good. If it had said, "And from the fruits of the palm trees and the grapevines you take intoxication and a better provision", then the intoxication would have had some goodness in it. But it came with the word "good" so that it opposes the ugliness. It is as if we are taking Allah's ﷻ blessings and spoiling them and taking them away from *fiṭrah*.

Therefore, Jibrīl's statement to our Master the Messenger of Allah ﷺ ("You have been guided to the *fiṭrah*.") means that you did not take something from Allah's ﷻ provisions and introduce a process of corruption into it. Take the thing and introduce a process of improvement to it, like cooking raw meat or also cooking vegetables. But to take grapes and put them in a barrel where they rot and ferment is as if you have taken them out of their natural state and their *fiṭrah*. That is the meaning of "You have been guided to the *fiṭrah*." Why this visionary experience? Because the intellect is the conduit of responsibility from Allah ﷻ, and wine came to cover the intellect. Because the entryway to Allah ﷻ is the intellectual responsibility. The insane are not tasked by Allah ﷻ because the device to choose between alternatives is disabled. The meaning of intellect is to choose between alternatives. If there is no alternative, there is no role for the intellect. And as long as there is a choice between alternatives, the intellect must be present and healthy and its measurements accurate so that it chooses the alternative which is good and not the alternative which is evil. Man comes to the point of responsibility from Allah ﷻ and then drinks wine to cover his intellect, as if he deliberately covered the great

الْعَرَبُ يَشْرَبُونَ الْخَمْرَ وَيَقُولُونَ.. «سَكَرٌ».. يَقُولُ فِي كِتَابِهِ الْعَزِيزِ: ﴿وَمِن ثَمَرَاتِ النَّخِيلِ وَالْأَعْنَابِ تَتَّخِذُونَ مِنْهُ سَكَرًا﴾.. صَحِيحٌ أَنَّهُمْ يَأْخُذُونَ مِنْهُ «سَكَراً».. «وَرِزْقاً».. انْظُرْ إِلَى الدِّقَّةِ فِي «وَرِزْقاً حَسَناً».. فَحِينَمَا جَاءَ بِالرِّزْقِ وَصَفَهُ بِالْحَسَنِ.. وَفِي السَّكَرِ سَكَتَ عَنْهُ لِأَنَّهُ غَيْرُ حَسَنٍ.. وَلَوْ قَالَ: وَمِنْ ثَمَرَاتِ النَّخِيلِ وَالْأَعْنَابِ تَتَّخِذُونَ مِنْهُ سَكَراً وَرِزْقاً أَحْسَنُ.. لَكَانَ السَّكَرَ أَصْبَحَ فِيهِ شَيْءٌ مِنَ الْحَسَنِ.. لَكِنَّهُ أَتَى بِكَلِمَةِ «حَسَناً».. حَتَّى تَكُونَ مُقَابِلَةً لِلْقُبْحِ.. كَأَنَّنَا نَأْخُذُ نِعَمَ اللهِ سُبْحَانَهُ وَتَعَالَى وَنُتْلِفُهَا وَنُخْرِجُهَا عَنِ الْفِطْرَةِ..

إِذاً.. إِنَّ قَوْلَ جِبْرِيلَ عَلَيْهِ السَّلَامُ لِسَيِّدِنَا رَسُولِ اللهِ ﷺ «هُدِيتَ الْفِطْرَةَ».. أَيْ: أَنَّكَ لَمْ تَأْخُذْ حَاجَةً مِنْ حَاجَاتِ اللهِ سُبْحَانَهُ وَتَعَالَى وَأَدْخَلْتَ عَلَيْهَا عَمَلِيَّةَ إِفْسَادٍ.. خُذِ الْحَاجَةَ وَأَدْخِلْ عَلَيْهَا عَمَلِيَّةَ إِصْلَاحٍ.. كَاللَّحْمِ النَّيِّءِ مَثَلاً إِنْضَاجُهُ.. وَالْخُضَارُ أَيْضاً طَهْيَةٌ.. لَكِنْ أَنْ تَأْخُذَ عِنَباً وَتَضَعَهُ فِي بِرْمِيلٍ يَتَعَفَّنُ وَيَتَخَمَّرُ.. فَكَأَنَّكَ أَخْرَجْتَهُ عَنْ طَبِيعَتِهِ.. وَعَنْ فِطْرَتِهِ.. أَنَّ ذَلِكَ مَعْنَى: «هُدِيتَ الْفِطْرَةَ».. وَلِمَاذَا هَذَا الْمَرْئِيُّ؟ قَالُوا: لِأَنَّ الْعَقْلَ هُوَ مَنْفَذُ التَّكْلِيفِ مِنَ اللهِ سُبْحَانَهُ وَتَعَالَى وَالْخَمْرُ جَاءَتْ لِتَسْتُرَ الْعَقْلَ.. لِأَنَّ الْمَدْخَلَ إِلَى اللهِ سُبْحَانَهُ وَتَعَالَى هُوَ الْعَقْلُ التَّكْلِيفِيُّ.. فَالْمَجْنُونُ لَا يُكَلِّفُهُ اللهُ سُبْحَانَهُ وَتَعَالَى.. لِأَنَّ آلَةَ الْاِخْتِيَارِ بَيْنَ الْبَدِيلَاتِ مُعَطَّلَةٌ.. وَمَعْنَى عَقَلَ.. أَنْ يَخْتَارَ بَيْنَ بَدِيلَاتٍ.. فَإِذَا كَانَ أَمْرٌ لَا بَدِيلَ لَهُ.. فَلَا عَمَلَ لِلْعَقْلِ فِيهِ.. وَمَا دَامَ وَجَدَ الْاِخْتِيَارَ بَيْنَ الْبَدِيلَاتِ فَلَا بُدَّ أَنْ يَكُونَ الْعَقْلُ مَوْجُوداً سَلِيماً وَمَقَايِيسُهُ صَادِقَةٌ وَذَلِكَ حَتَّى تَخْتَارَ

blessing and the conduit to faith in Allah ﷻ, and the conduit for his responsibility from Allah ﷻ, disabling it. And all the visions that followed, which require the presence of the intellectual responsibility in them – jihad, *zakāh* (charity), and prayer – all these duties have a condition, which is the presence of the intellectual responsibility. It is as if Allah ﷻ wanted by the first scene to say: the nature of the *fiṭrah* is healthy, so do not corrupt it yourselves with your actions. This milk follows the *fiṭrah*, and you have spoiled the wine with your manufacture in it, you have intervened in it with your humanity, and thus you have spoiled it. After it was a sound blessing from Allah ﷻ, you made it corrupting. And to what have you directed it? To the conduit of responsibility from Allah ﷻ, which is the intellect.

We come to the Truth, Allah ﷻ, who tells us, "I have created this intellect for you so that you may choose between the alternatives." If you come and cover it with wine, then you have rejected His greatest blessing upon you, which has distinguished you from animals.

We may find a person who does that, saying, "I am covering my worries and sorrows." But the response to him is that problems are not solved by running away from them but by facing them. The Truth does not want you to forget your problems and escape from them and cover them with wine, but face them with your thought. And as long as you face them with your thought, you must preserve this thought so that it remains healthy and capable of solving them. That is because it prevents anything that

الْبَدِيلَ وَهُوَ «الْخَيْرُ».. وَلاَ تَخْتَارَ الْبَدِيلَ «الشَّرَّ».. يَأْتِي الإِنْسَانُ إِلَى مَنَاطِ التَّكْلِيفِ لَهُ مِنَ اللهِ سُبْحَانَهُ وَتَعَالَى.. وَبَعْدَ ذَلِكَ يَشْرَبُ الْخَمْرَ لِيَسْتُرَ عَقْلَهُ.. فَكَأَنَّهُ عَمَدَ إِلَى النِّعْمَةِ الْكُبْرَى.. وَمَنْفَذَهُ إِلَى الإِيمَانِ بِاللهِ سُبْحَانَهُ وَتَعَالَى.. وَمَنْفَذَهُ لِلتَّكْلِيفِ عَنِ اللهِ سُبْحَانَهُ وَتَعَالَى يُعَطِّلُهَا.. وَكُلُّ الْمَرَائِي الَّتِي بَعْدَهَا.. وَالَّتِي تَسْتَلْزِمُ وُجودَ الْعَقْلِ التَّكْلِيفِيِّ فِيهَا.. فَالْجِهَادُ وَالزَّكَاةُ وَالصَّلاَةُ كُلُّ هَذِهِ فَرَائِضُ لَهَا شَرْطُهَا.. وَهُوَ وُجُودُ الْعَقْلِ التَّكْلِيفِيِّ.. فَكَأَنَّ الْحَقَّ سُبْحَانَهُ وَتَعَالَى أَرَادَ بِالْمَنْظَرِ الأَوَّلِ أَنْ يَقُولَ: إِنَّ الْفِطْرَةَ طَبِيعَتَهَا سَلِيمَةٌ.. إِذاً.. لاَ تُفْسِدُوهَا أَنْتُمْ بِتَصَرُّفَاتِكُمْ.. هَذَا اللَّبَنُ تَابِعُ الْفِطْرَةِ.. وَالْخَمْرَةُ أَنْتُمْ أَفْسَدْتُمُوهَا بِصَنْعَتِكُمْ فِيهَا.. فَقَدْ تَدَخَّلْتُمْ فِيهَا بِبَشَرِيَّتِكُمْ.. وَلِذَلِكَ أَفْسَدْتُمُوهَا.. فَبَعْدَ أَنْ كَانَتْ نِعْمَةُ اللهِ سُبْحَانَهُ وَتَعَالَى سَلِيمَةً جَعَلْتُمُوهَا مُفْسِدَةً.. وَإِلَى مَاذَا وَجَّهْتُمُوهَا.. إِلَى مَنْفَذِ التَّكْلِيفِ مِنَ اللهِ سُبْحَانَهُ وَتَعَالَى وَهُوَ الْعَقْلُ...

وَنَأْتِي إِلَى الْحَقِّ سُبْحَانَهُ وَتَعَالَى الَّذِي يَقُولُ لَنَا.. أَنَا قَدْ خَلَقْتُ لَكَ هَذَا الْعَقْلَ حَتَّى تَخْتَارَ بِهِ بَيْنَ الْبَدِيلاَتِ.. فَإِذَا أَتَيْتَ أَنْتَ وَسَتَرْتَهُ بِالْخَمْرِ.. فَتَكُونَ رَدَدْتَ عَلَى اللهِ سُبْحَانَهُ وَتَعَالَى نِعْمَتَهُ الْكُبْرَى عَلَيْكَ وَالَّتِي قَدْ تَمَيَّزْتَ بِهَا عَنِ الْحَيَوَانِ...

قَدْ نَجِدُ الإِنْسَانَ الَّذِي يَفْعَلُ ذَلِكَ يَقُولُ: إِنَّنِي أَسْتُرُ هُمُومِي وَأَحْزَانِي.. وَلَكِنَّ الرَّدَّ عَلَيْهِ يَكُونُ بِأَنْ نَقُولَ لَهُ: إِنَّ الْمَشَاكِلَ لاَ يَحُلُّهَا أَنْ تَهْرُبَ مِنْهَا.. إِنَّمَا يَحُلُّهَا أَنْ تُوَاجِهَهَا.. فَالْحَقُّ لاَ يُرِيدُ مِنْكَ أَنْ تَنْسَى مَشَاكِلَكَ وَتَهْرُبَ مِنْهَا وَتَسْتُرَهَا بِالْخَمْرِ.. وَلَكِنْ وَاجِهْهَا بِفِكْرِكَ.. وَمَا دُمْتَ

would obscure the law of choosing between alternatives in it. This is why that is the first scene that our Master Muhammad ﷺ saw.

After that, for example, we find another scene. In this other scene, he saw people planting and harvesting at the same time, and this process repeated several times. He asked Jibrīl, "Who are these people?" Jibrīl replied, "They are the *mujāhidīn* in the cause of Allah ﷻ. For jihad in the cause of Allah ﷻ is the means that conveys the guidance of Allah ﷻ to the creation of Allah ﷻ. Jihad in His cause is the outpouring of the methodological call that came from Allah ﷻ to the people so they may be guided to it. Therefore, these *mujāhidīn* must have multiple fruits. Why multiple fruits? Because they are generous with their wealth and their lives. He who is generous with his wealth and his life before Allah ﷻ, we find Allah ﷻ compensates him in a manner proportionate to his ability to give. As long as it matches his capacity to give, his reward must renew. Every time you strive in the cause of Allah, and thereafter spread the call through your jihad in the cause of Allah ﷻ, you will continually earn the reward of those who are guided by it.

Thus, when Allah ﷻ showed the Prophet ﷺ this issue, He did so to clarify this truth to those who struggle in the cause of Allah ﷻ: whatever you spend of anything, He will replace it. There is no doubt that people give things hoping for the good that comes from it. For example, a farmer might have two sacks of wheat, and when the planting days come, he takes a sack from what he has, reducing what he has by one sack. After that, he throws

تُواجِهُهَا بِفِكْرِكَ.. فَلا بُدَّ أَنْ تُحافِظَ عَلَى هَذا الْفِكْرِ لِكَيْ يَكُونَ سَلِيمًا.. قَادِراً عَلَى حَلِّهَا.. وَذَلِكَ بِأَنْ تَمْنَعَ عَنْهُ أَيَّ شَيْءٍ يَطْمِسُ قَانُونَ اخْتِيَارِ الْبَدِيلاتِ فِيهِ.. فَهَذا هُوَ السَّبَبُ فِي أَنَّ ذَلِكَ هُوَ أَوَّلُ مَنْظَرٍ مِنَ الْمَنَاظِرِ الَّتِي رَآهَا سَيِّدُنَا مُحَمَّدٌ ﷺ...

وَبَعْدَ ذَلِكَ مَثَلاً نَجِدُ مَنْظَراً آخَرَ.. وَهَذَا الْمَنْظَرُ الآخَرُ أَنَّهُ وَجَدَ قَوْماً يَزْرَعُونَ وَيَحْصُدُونَ فِي وَقْتِهَا وَتَتَكَرَّرُ هَذِهِ الْعَمَلِيَّةُ عِدَّةَ مَرَّاتٍ.. فَسَأَلَ جِبْرِيلَ مَنْ هَؤُلاءِ؟ قَالَ: الْمُجَاهِدُونَ فِي سَبِيلِ اللهِ سُبْحَانَهُ وَتَعَالَى.. لِأَنَّ الْجِهَادَ فِي سَبِيلِ اللهِ سُبْحَانَهُ وَتَعَالَى هُوَ الْوَسِيلَةُ النَّاقِلَةُ لِهُدَى اللهِ سُبْحَانَهُ وَتَعَالَى إِلَى خَلْقِ اللهِ سُبْحَانَهُ وَتَعَالَى.. فَالْجِهَادُ فِي سَبِيلِهِ هُوَ الانْسِيَاحُ بِالدَّعْوَةِ الْمَنْهَجِيَّةِ الَّتِي جَاءَتْ مِنَ اللهِ سُبْحَانَهُ وَتَعَالَى إِلَى الْقَوْمِ كَيْ يَهْتَدُوا إِلَيْهَا.. فَلا بُدَّ لِهَؤُلاءِ الْمُجَاهِدِينَ أَنْ يَكُونَ لَهُمْ ثَمَرَاتٌ مُتَعَدِّدَةٌ.. وَلِمَاذَا الثَّمَرَاتُ الْمُتَعَدِّدَةُ؟ لِأَنَّهُمْ يَجُودُونَ بِأَمْوَالِهِمْ.. وَيَجُودُونَ بِأَرْوَاحِهِمْ.. فَالَّذِي يَجُودُ بِمَالِهِ وَبِرُوحِهِ عِنْدَ اللهِ سُبْحَانَهُ وَتَعَالَى.. نَجِدُ اللهَ سُبْحَانَهُ وَتَعَالَى يُخْلِفُ عَلَيْهِ خَلَفاً يُنَاسِبُ قُدْرَتَهُ فِي الْعَطَاءِ.. وَمَا دَامَ يُنَاسِبُ قُدْرَتَهُ فِي الْعَطَاءِ.. فَلا بُدَّ مِنْ تَجَدُّدِ ثَوَابِهِ.. فَكُلَّمَا جَاهَدْتَ فِي سَبِيلِ اللهِ.. وَبَعْدَ ذَلِكَ تَنْشُرُ الدَّعْوَةَ بِجِهَادِكَ فِي سَبِيلِ اللهِ سُبْحَانَهُ وَتَعَالَى.. فَلَكَ ثَوَابُ مَنْ هَدَى بِهَا بِاسْتِمْرَارٍ...

إِذاً.. إِنَّ الرَّسُولَ ﷺ حِينَمَا أَرَاهُ اللهُ سُبْحَانَهُ وَتَعَالَى هَذِهِ الْمَسْأَلَةَ.. فَقَدْ أَرَاهُ إِيَّاهَا لِيُوَضِّحَ هَذِهِ الْحَقِيقَةَ لِلَّذِينَ يُجَاهِدُونَ فِي سَبِيلِ اللهِ سُبْحَانَهُ وَتَعَالَى: وَمَا أَنْفَقْتُمْ مِنْ شَيْءٍ فَهُوَ يُخْلِفُهُ.. وَلا شَكَّ أَنَّ النَّاسَ يَجُودُونَ

it into the ground, but the sack he throws in the ground will yield him ten sacks later. And each grain of wheat will yield seven hundred grains. So, if this is the giving of the barren Earth, which is a creation among the creations of Allah ﷻ, how then is the giving of Allah ﷻ?

Therefore, Allah ﷻ consoles me with material matter. So, if you, O *mujāhid*, are generous with your wealth and blood, all of it is generous before Allah ﷻ. If actions are by their results, the result of this is the general benefit for you.

After that, Allah ﷻ presents another scene: the *dunyā*. And we know that it is embellished with beauty, decorations, and diversions. "Beautified for people is the love of desires, including women and sons and heaped-up sums of gold and silver …". Allah ﷻ presented this scene of the *dunyā* as an old woman adorned with every kind of ornament. He asked, "What is this, O Jibrīl?" Jibrīl replied, "What remains of the life of the *dunyā* is only what remains of the life of this woman." As if the Prophet is saying, "I was sent at the hour like this, and what remains of the life of the *dunyā* is only as much as remains of the life of this woman. If her age is so, why then do you occupy yourselves with her to this great extent? Give her according to her age. And if we assume that much remains of the life of the *dunyā*, then that much is for others – what share do you have in it? And if you measure the *dunyā* by your life, you find that it remains the *dunyā* for everyone, but for a creation other than you – no matter how long it lasts – it will last a million years, but it does not also last a million years for you."

بِالْأَشْيَاءِ طَمَعاً فِيمَا تَأْتِي مِنَ الْخَيْرِ.. فَالْفَلَّاحُ مَثَلاً يَكُونُ عِنْدَهُ كِيسَيْنِ مِنَ الْقَمْحِ وَعِنْدَمَا تَأْتِي أَيَّامُ الزَّرْعِ يَأْخُذُ كِيساً مِمَّا عِنْدَهُ فَيَنْقُصُ مَا عِنْدَهُ كِيساً.. وَبَعْدَ ذَلِكَ يَطْرَحُهُ فِي الْأَرْضِ.. لَكِنَّ الْكِيسَ الَّذِي طَرَحَهُ فِي الْأَرْضِ سَيَزِيدُ لَهُ عَشَرَةَ أَكْيَاسٍ بَعْدَ ذَلِكَ.. وَإِنَّ الْحَبَّةَ مِنَ الْقَمْحِ سَتَأْتِي لَهُ بِـ ٧٠٠ حَبَّةٍ.. فَإِذَا كَانَ ذَلِكَ عَطَاءُ الْأَرْضِ الصَّمَّاءِ الَّتِي هِيَ خَلْقٌ مِنْ خَلْقِ اللهِ سُبْحَانَهُ وَتَعَالَى.. فَكَيْفَ يَكُونُ عَطَاءُ اللهِ سُبْحَانَهُ وَتَعَالَى!

إِذاً.. إِنَّ اللهَ تَعَالَى يُؤْنِسُنِي بِالْأَمْرِ الْمَادِّيِّ.. وَلِذَلِكَ.. فَإِذَا جُدْتَ أَيُّهَا الْمُجَاهِدُ بِمَالِكَ وَدَمِكَ.. فَذَلِكَ كُلُّهُ عِنْدَ اللهِ سُبْحَانَهُ وَتَعَالَى يَجُودُ.. وَإِذَا كَانَتِ الْأَعْمَالُ بِنَتَائِجِهَا.. فَنَتِيجَةُ هَذَا هُوَ النَّفْعُ الْعَامُّ لَكَ...

وَبَعْدَ ذَلِكَ يَعْرِضُ اللهُ سُبْحَانَهُ وَتَعَالَى مَنْظَراً آخَرَ.. الدُّنْيَا.. وَنَحْنُ نَعْرِفُ أَنَّهَا زِينَةٌ وَزَخَارِفُ وَلَهْوٌ وَلَعِبٌ.. ﴿زُيِّنَ لِلنَّاسِ حُبُّ الشَّهَوَاتِ مِنَ النِّسَاءِ وَالْبَنِينَ وَالْقَنَاطِيرِ الْمُقَنطَرَةِ مِنَ الذَّهَبِ وَالْفِضَّةِ﴾.. فَاللهُ سُبْحَانَهُ وَتَعَالَى عَرَضَ هَذَا الْمَنْظَرَ.. مَنْظَرُ الدُّنْيَا.. بِأَنَّهَا امْرَأَةٌ عَجُوزٌ وَعَلَيْهَا مِنْ كُلِّ زِينَةٍ.. فَقَالَ لَهُ: مَا هَذِهِ يَا جِبْرِيلُ؟ قَالَ: «لَمْ يَبْقَ مِنْ عُمُرِ الدُّنْيَا إِلَّا مَا بَقِيَ مِنْ عُمُرِ هَذِهِ».. فَكَأَنَّ الرَّسُولَ يَقُولُ: أَنَا بُعِثْتُ وَالسَّاعَةُ كَهَذِهِ.. وَلَمْ يَبْقَ مِنْ عُمُرِ الدُّنْيَا إِلَّا كَمَا بَقِيَ مِنْ عُمُرِ هَذِهِ الْمَرْأَةِ.. فَإِذَا كَانَ عُمُرُهَا هَذَا.. فَلِمَاذَا تُشْغِلُونَ أَنْفُسَكُمْ بِهَا هَذَا الشُّغْلَ الْكَبِيرَ؟ أَعْطُوهَا عَلَى قَدْرِ عُمُرِهَا.. وَإِذَا فَرَضْنَا أَنَّهُ بَقِيَ مِنْ عُمُرِ الدُّنْيَا الْكَثِيرُ.. فَهَذَا الْكَثِيرُ لِغَيْرِكَ مَا حَظُّكَ أَنْتَ فِيهِ.. وَإِذَا قِسْتَ الدُّنْيَا بِعُمُرِكَ أَيْضاً..

Therefore, you must measure the *dunyā* by your life in it. Your life is your life. If the average lifespan of a person is sixty or seventy years, what would be the result if a person sacrifices these years? The result is that I would sacrifice something limited for an unlimited end, which is the Hereafter. This is the first comparison. Secondly, you say, "The seventy years are not certain." A person might die young. The existence of the worldly life is uncertain, but the existence of the Hereafter is certain. This is the second comparison. And as for my pleasure in the Hereafter, my *dunyā* depends on whom? It depends on my capabilities and my conceptions of bliss. But my pleasure in the Hereafter depends on the capabilities of the Truth ﷻ and His conceptions of bliss.

So, when we come and compare the age of the *dunyā* with the age of man, we find that the comparison is not in favour of the *dunyā*.

Therefore, it is limited here and unlimited in the Hereafter, uncertain here and certain in the Hereafter. Pleasure depends on my capabilities and the pleasure of the Hereafter depends on the capabilities of Allah. If the *dunyā* is an old woman and only this much remains of it, even relative to every individual, what makes me make the *dunyā* all my concern? This is the scene that the Messenger of Allah ﷺ saw.

There is another scene that the Messenger ﷺ saw, in which there were people whose lips and tongues were being cut by scissors. Why? They said because the lips and tongue are the tools that cooperate in producing speech. He asked, "Who are these, O Jibrīl?" He said, "They are

وَجَدْتَ أَنَّهَا بَقِيَتْ دُنْيَا لِلْكُلِّ.. وَلَكِنْ لِخَلْقٍ غَيْرِكَ.. فَمَهْمَا طَالَ أَمَدُهَا.. سَتَمْكُثُ مَلْيُونَ سَنَةً.. لَكِنَّهَا لَا تَمْكُثُ الْمَلْيُونَ سَنَةً أَيْضاً لَكَ..

إِذاً.. يَجِبُ أَنْ تَقِيسَ الدُّنْيَا بِعُمُرِكَ أَنْتَ فِيهَا.. فَعُمُرُكَ هُوَ عُمُرُكَ.. فَإِذَا كَانَ مُتَوَسِّطُ عُمُرِ الْإِنْسَانِ «٦٠ سَنَةً» أَوْ «٧٠ سَنَةً».. فَإِذَا ضَحَّى الْإِنْسَانُ بِهَذِهِ السِّنِينَ مَاذَا تَكُونُ النَّتِيجَةُ؟ النَّتِيجَةُ أَنِّي سَأُضَحِّي بِشَيْءٍ مَحْدُودٍ.. لَكِنْ فِي غَايَةٍ غَيْرِ مَحْدُودَةٍ وَهِيَ الآخِرَةُ.. هَذِهِ هِيَ أَوَّلُ مُقَارَنَةٍ.. أَمَّا ثَانِياً فَتَقُولُ: إِنَّ السَّبْعِينَ سَنَةً لَيْسَتْ مُتَيَقَّنَةً.. فَقَدْ يَمُوتُ الْإِنْسَانُ وَهُوَ صَغِيرٌ.. فَوُجُودُ الْحَيَاةِ الدُّنْيَا غَيْرُ مُتَيَقَّنٍ لَكِنَّ الْآخِرَةِ مُتَيَقَّنٌ وُجُودُهَا.. هَذِهِ هِيَ الْمُقَارَنَةُ الثَّانِيَةُ.. وَأَمَّا نَعِيمِي فِي الْآخِرَةِ دُنْيَايَ فَعَلَى قَدْرِ مَنْ؟ إِنَّهُ عَلَى قَدْرِ إِمْكَانِيَّاتِي.. وَعَلَى قَدْرِ تَصَوُّرَاتِي فِي النَّعِيمِ.. أَمَّا نَعِيمِي فِي الْآخِرَةِ فَعَلَى قَدْرِ إِمْكَانِيَّاتِ الْحَقِّ سُبْحَانَهُ وَتَعَالَى.. وَتَصَوُّرَاتِهِ فِي النَّعِيمِ... إِذاً.. حِينَمَا نَأْتِي وَنُقَارِنُ عُمُرَ الدُّنْيَا بِعُمُرِ الْإِنْسَانِ.. سَنَجِدُ أَنَّ الْمُقَارَنَةَ لَيْسَتْ فِي صَفِّ الدُّنْيَا..

إِذاً.. مَحْدُودٌ هُنَا.. وَغَيْرُ مَحْدُودٍ فِي الْآخِرَةِ...

غَيْرُ مُتَيَقَّنٍ هُنَا.. وَمُتَيَقَّنٌ فِي الْآخِرَةِ...

النَّعِيمُ عَلَى قَدْرِ إِمْكَانِيَّاتِي.. وَنَعِيمُ الْآخِرَةِ عَلَى قَدْرِ إِمْكَانِيَّاتِ اللهِ...

فَإِذَا كَانَتِ الدُّنْيَا عَجُوزٌ.. وَلَمْ يَبْقَ مِنْهَا إِلَّا هَذَا وَلَوْ بِالنِّسْبَةِ لِكُلِّ إِنْسَانٍ.. فَمَا الَّذِي يَجْعَلُنِي أَجْعَلُ الدُّنْيَا هِيَ كُلُّ هَمِّي؟ هَذَا هُوَ الْمَنْظَرُ الَّذِي رَآهُ رَسُولُ اللهِ ﷺ...

هُنَاكَ مَنْظَرٌ آخَرُ.. أَنَّ الرَّسُولَ ﷺ رَأَى أَنَّ هُنَاكَ أُنَاساً وَالْمِقَصُّ يَقُصُّ

the preachers of sedition." And who are the preachers of sedition? He said, "Those who say what they do not do. Their tongues are sweeter than honey, but their actions are as bitter as aloes, and they cause sedition." The calamity of every call is the preachers of sedition in it. They speak words that people hear, but they have actions that contradict what they say. People compare their actions to their words, and they know there is speech being said and action being done. And when the word is separated from the behaviour, all the methods are overturned. If I sit down to explain to my son the harms of lying and talk to him about honesty every day, and then one day when someone asks for me and I am at home, and my response is that I am not present, this action undermines everything I have said, and then it settles in the conscience of the son.

Then there is speech being said and action being performed, thereby the word has become detached from the behaviour. Also, the orators of sedition are those who justify people's actions, making the religion a justification for their behaviours. This means that the behaviour comes first, then they seek a religious justification for it. However, the religion is not a justification; it is a religion that plans issues. It manages the matter first. Do not say that society is afflicted, and then try from religion to find you a solution to society's calamity. It is as if you are bringing down the heavenly methodology to Earth. The heavenly methodology came to elevate people to its level. That is why you find in all the speech of Allah ﷻ the invitation to elevation.

شِفَاهَهُمْ وَأَلْسِنَتَهُمْ.. لِمَاذَا؟ قَالُوا: لِأَنَّ الشِّفَاهَ وَاللِّسَانَ هُمَا الْأَدَاتَانِ اللَّتَانِ يَتَعَاوَنَانِ فِي إِخْرَاجِ الْكَلَامِ.. فَقَالَ لَهُ: مَنْ هَؤُلَاءِ يَا جِبْرِيلُ: قَالَ: هُمْ خُطَبَاءُ الْفِتْنَةِ! وَمَنْ هُمْ خُطَبَاءُ الْفِتْنَةِ؟ قَالَ: الَّذِينَ يَقُولُونَ مَالَا يَفْعَلُونَ.. فَأَلْسِنَتُهُمْ أَحْلَى مِنَ الْعَسَلِ.. وَفِعْلُهُمْ كَالْأَسَى.. وَيُحْدِثُونَ الْفِتْنَةَ: لِأَنَّ آفَةَ كُلِّ دَعْوَةٍ.. هُمْ خُطَبَاءُ الْفِتْنَةِ فِيهَا.. يَقُولُونَ كَلَامَاً يَسْمَعُهُ النَّاسُ.. وَلَهُمْ فِعْلٌ يُخَالِفُ مَا يَقُولُونَ.. فَيُقَارِنُ النَّاسُ فِعْلَهُمْ بِقَوْلِهِمْ.. فَيَعْلَمُونَ أَنَّ هُنَاكَ كَلَامَاً يُقَالُ.. وَفِعْلٌ يُفْعَلُ.. وَإِذِ انْفَصَلَتِ الْكَلِمَةُ عَنِ السُّلُوكِ.. انْقَلَبَتِ الْمَنَاهِجُ كُلُّهَا.. فَإِذَا جَلَسْتُ أَشْرَحُ لِابْنِي مَضَارَّ الْكَذِبِ وَأُحَدِّثُهُ عَنِ الصِّدْقِ يَوْمِيَاً.. فَإِذَا جِئْتُ فِي يَوْمٍ وَطَلَبَنِي شَخْصٌ فَأَنَا بِالْبَيْتِ وَكَانَ رَدِّي عَلَيْهِ بِأَنَّنِي غَيْرُ مَوْجُودٍ.. هَذَا الْفِعْلُ يَهْدِمُ كُلَّ شَيْءٍ مِنْ قَوْلِي.. وَبَعْدَ ذَلِكَ يَسْتَقِرُّ فِي وِجْدَانِ الْابْنِ...

إِذَاً.. إِنَّ هُنَاكَ كَلَامَاً يُقَالُ.. وَفِعْلَاً يُفْعَلُ.. وَبِذَلِكَ انْفَصَلَتِ الْكَلِمَةُ عَنِ السُّلُوكِ.. وَأَيْضَاً.. إِنَّ خُطَبَاءَ الْفِتْنَةِ هُمُ الَّذِينَ يُبَرِّرُونَ لِلنَّاسِ تَصَرُّفَاتِهِمْ.. فَيَجْعَلُونَ الدِّينَ مُبَرِّرَاً لِتَصَرُّفَاتِهِمْ.. بِمَعْنَى: أَنَّ التَّصَرُّفَ يَكُونُ أَوَّلاً.. ثُمَّ يَطْلُبُونَ لَهُ مُبَرِّرَاً مِنَ الدِّينِ.. وَالدِّينُ لَيْسَ تَبْرِيرٌ.. وَلَكِنَّهُ دِينُ تَدْبِيرٍ لِلْمَسَائِلِ.. هُوَ الَّذِي يُدَبِّرُ الْأَمْرَ أَوَّلاً.. فَلَا تَقُولُ إِنَّ الْمُجْتَمَعَ حَلَّتْ بِهِ الْبَلْوَى.. وَبَعْدَ ذَلِكَ تُحَاوِلُ مِنَ الدِّينِ أَنْ يَجِدَ لَكَ حَلَّاً لِبَلَاءِ الْمُجْتَمَعِ... فَكَأَنَّكَ سَتَهْبِطُ بِمَنْهَجِ السَّمَاءِ إِلَى الْأَرْضِ.. وَالْمَفْرُوضُ أَنَّ مَنْهَجَ السَّمَاءِ جَاءَ لِيَرْفَعَ النَّاسَ إِلَى مُسْتَوَاهُ.. وَلِذَلِكَ تَجِدُ فِي كُلِّ كَلَامِ اللهِ سُبْحَانَهُ وَتَعَالَى الدَّعْوَةَ إِلَى السُّمُوِّ...

"Say: O People of the Scripture, come ..." (*al-ʿImrān*, 64). "Come" here means to approach, but here it also means to rise to a higher level to take the methodology from Allah ﷻ. Do not leave yourselves in the nadir of your humanity, nor in the nadir of your civilization.

Thus, the orators of sedition are those who say what they do not do or those who justify every deviant's deviation.

For example, consider usury (*ribā*), and one of them justifies it. We say to him that the methodology of Allah does not descend to the level of human actions, or else human society would be the one to legislate, and then we bring down the heavenly methodology to the level of earthly legislation.

مَاذَا يَقُولُ: ﴿قُلْ يَا أَهْلَ الْكِتَابِ تَعَالَوْا﴾.. «تَعَالَوْا» مَعْنَاهَا: أَقْبِلُوا.. نَعَمْ هِيَ تَحْمِلُ هَذَا الْمَعْنَى.. لَكِنْ «تَعَالَوْا» هُنَا مَعْنَاهَا ارْتَفِعُوا إِلَى الْمُسْتَوَى الْأَعْلَى لِتَأْخُذُوا الْمَنْهَجَ مِنَ اللهِ سُبْحَانَهُ وَتَعَالَى.. لَا تَتْرُكُوا أَنْفُسَكُمْ فِي حَضِيضِ بَشَرِيَّتِكُمْ.. وَلَا فِي حَضِيضِ مَدَنِيَّتِكُمْ...

إِذاً.. إِنَّ خُطَبَاءَ الْفِتْنَةِ هُمُ الَّذِينَ يَقُولُونَ مَا لَا يَفْعَلُونَ.. أَوْهُمُ الَّذِينَ يُبَرِّرُونَ لِكُلِّ مُنْحَرِفٍ انْحِرَافَهُ...

مِثَالٌ: يَأْتِي مَثَلاً فِي الرِّبَا.. وَيُبَرِّرُهُ أَحَدُهُمْ.. وَلَكِنْ.. نَحْنُ نَقُولُ لَهُ: إِنَّ مَنْهَجَ اللهِ لَا يَهْبِطُ إِلَى مُسْتَوَى فِعْلِ الْبَشَرِ.. وَإِلَّا فَسَيَكُونُ الْمُجْتَمَعُ الْبَشَرِيُّ هُوَ الَّذِي يُقَنِّنُ.. وَبَعْدَ ذَلِكَ نَهْبِطُ بِمَنْهَجِ السَّمَاءِ إِلَى مُسْتَوَى تَقْنِينِ الْأَرْضِ...

VISION AND IMAGERY

QUESTION

Can we discuss some of the images the Messenger of Allah ﷺ saw during the Isrāʾ and Miʿrāj, including his choice between wine and milk and his choice of *fiṭrah* (natural disposition) – as he chose the milk? Then, the *mujāhidīn* and the images that show the rewards of the *mujāhidīn* in the cause of Allah ﷻ. Also, the orators of sedition. There are also other images left, as well as some topics related to the obligation of prayer during the Miʿrāj, and the prophets whom our Master the Messenger of Allah ﷺ met. For example, the subject that the majority of the prophets whom the Messenger ﷺ met are from the prophets of Banī Isrāʾīl, and what some claim about the Messenger's ﷺ hesitation between Musa and his Lord ﷻ, and the advice of Musa ﷺ to our Master Muhammad ﷺ which is the request from Allah ﷻ to ease the fifty prayers that were prescribed until they became five prayers. Can you elaborate on this, as some think this implies a kind of guardianship of Musa over the Ummah of Muhammad ﷺ?

ANSWER

In the name of Allah, the Most Beneficent, the Most Merciful, and all praise be to Allah who guided us, for we would not have been guided had Allah ﷻ not guided us. Glory be to You; we have no knowledge except what You have taught us. May Allah send blessings upon our

الْمَرَائِي وَالصُّوَرُ

سُؤَالٌ

نَرْجُو أَنْ نَبْدَأَ مِنْ حَيْثُ انْتَهَيْنَا فِيمَا سَبَقَ.. وَهُوَ مَوْضُوعُ الْمَرَائِي أَوِ الصُّوَرُ الَّتِي شَاهَدَهَا رَسُولُ اللهِ ﷺ فِي رِحْلَةِ الْإِسْرَاءِ.. وَهَلْ يُمْكِنُ أَنْ يُحَدِّثَنَا فَضِيلَةُ الشَّيْخِ عَلَى بَعْضِ هَذِهِ الصُّوَرِ مِنْ تَخْيِيرِ الرَّسُولِ ﷺ بَيْنَ الْخَمْرِ وَاللَّبَنِ؟ وَاخْتِيَارِهِ الْفِطْرَةَ ! حَيْثُ اخْتَارَ اللَّبَنَ.. ثُمَّ الْمُجَاهِدُونَ.. وَالصُّوَرُ الَّتِي تُبَيِّنُ ثَوَابَ الْمُجَاهِدِينَ فِي سَبِيلِ اللهِ سُبْحَانَهُ وَتَعَالَى.. وَكَذَلِكَ خُطَبَاءُ الْفِتْنَةِ.. وَقَدْ بَقِيَتْ أَيْضاً صُوَرٌ أُخْرَى.. كَمَا بَقِيَتْ بَعْضُ الْمَوْضُوعَاتِ الَّتِي تَتَعَلَّقُ بِالصَّلَاةِ.. وَفَرْضُهَا فِي الْمِعْرَاجِ.. وَالْأَنْبِيَاءُ الَّذِينَ قَابَلَهُمْ سَيِّدُنَا رَسُولَ اللهِ ﷺ.. وَلَقَدْ قُلْنَا: إِنَّ هَذَا الْمَوْضُوعَ مُهِمٌّ جِداً.. وَقَدْ يَكُونُ خَطِيراً.. وَأَرَى أَنَّ الْبَعْضَ يَجِبُ أَنْ يُنَاقِشَهُ.. وَعَلَى سَبِيلِ الْمِثَالِ مَوْضُوعُ أَنَّ أَغْلَبِيَّةَ الْأَنْبِيَاءِ الَّذِينَ قَابَلَهُمْ رَسُولُ اللهِ ﷺ هُمْ مِنْ أَنْبِيَاءِ بَنِي إِسْرَائِيلَ.. وَنَخُصُّ بِالذِّكْرِ مَا زَعَمَهُ الْبَعْضُ مِنْ أَنَّ تَرَدُّدَ الرَّسُولِ ﷺ بَيْنَ مُوسَى وَبَيْنَ رَبِّهِ عَزَّ وَجَلَّ.. وَنَصِيحَةُ مُوسَى عَلَيْهِ السَّلَامُ لِسَيِّدِنَا مُحَمَّدٍ ﷺ وَهِيَ الطَّلَبُ مِنَ اللهِ سُبْحَانَهُ وَتَعَالَى فِي تَخْفِيفِ الصَّلَوَاتِ الْخَمْسِينَ الَّتِي فُرِضَتْ حَتَّى أَصْبَحَتْ خَمْسَ صَلَوَاتٍ وَهَلْ لَكَ يَا فَضِيلَةَ الشَّيْخِ أَنْ تُحَدِّثَنَا عَنْ ذَلِكَ بِإِسْهَابٍ حَيْثُ يَظُنُّ الْبَعْضُ أَنَّ هَذَا يَعْنِي نَوْعاً مِنَ الْوِصَايَةِ مِنْ سَيِّدِنَا مُوسَى عَلَيْهِ السَّلَامُ عَلَى أُمَّةِ مُحَمَّدٍ ﷺ.. هَذِهِ بَعْضُ الْمَوْضُوعَاتِ الَّتِي رَجَوْنَا أَنْ نُنَاقِشَهَا وَحَبَّذَا أَنْ

Master Muhammad, the Seal of the Prophets and Messengers.

We concluded in the previous answer some of the visions shown to the Messenger of Allah ﷺ during the Isrāʾ or seen during the Miʿrāj. We understood the showing and the vision in the context and scope of the Divine glory, the Divine glory that transcends in Allah and His Being, transcends in the actions of Allah, and transcends in the attributes of Allah ﷻ. After that, we presented some of the visions. We said that these visions were made by Allah ﷻ as a means of clarification for some significant matters related to the call. We started with the matter of *fiṭrah*, because religiosity or Islam or living the truth is the religion of *fiṭrah*. Then we talked about the outpouring of the call of *fiṭrah* in jihad. Then we spoke about the lifespan of the *dunyā*, which occupies many people in their lives. Then come the other visions, which are focused around meanings related to wealth, honour, and the word. As for what relates to wealth, indeed the Truth ﷻ presented to the Messenger of Allah ﷺ a verse. This verse is that he saw people swimming in a sea of blood. Then, along with that, they were throwing stones. He asked about them from his brother Jibrīl. He said, "These are the eaters of usury", and the symbolic image is that they are swimming in a pool of blood. Blood benefits and is useful when it flows in your veins and arteries. However, when it exits and becomes a heavy thing that weighs down those who swim in it, it no longer benefits. Those who swim in a pool of blood and yet are fed stones, it is as if they have altered the conditions. It is supposed that blood benefits within

نَبْدَأَ بِمَوْضُوعِنَا الْأَوَّلِ عَنْ بَقِيَّةِ الْمَرَائِي سَوَاءً مَا يَتَعَلَّقُ مِنْهَا بِالْمَالِ أَوْ الْعَرْضِ أَوِ التَّكْلِيفِ.. وَبِالصَّلَاةِ وَمَا سِوَى ذَلِكَ...

جوابٌ

بِسْمِ اللهِ الرَّحْمَنِ الرَّحِيمِ.. وَالْحَمْدُ للهِ الَّذِي هَدَانَا وَمَا كُنَّا لِنَهْتَدِيَ لَوْلَا أَنْ هَدَانَا اللهُ سُبْحَانَهُ وَتَعَالَى. سُبْحَانَكَ لَا عِلْمَ لَنَا إِلَّا مَا عَلَّمْتَنَا.. وَصَلَّى اللهُ عَلَى سَيِّدِنَا مُحَمَّدٍ خَاتِمِ الْأَنْبِيَاءِ وَالْمُرْسَلِينَ...

وَبَعْدُ فَقَدْ انْتَهَيْنَا فِي الْكَلَامِ السَّابِقِ إِلَى مَا انْتَهَيْنَا إِلَيْهِ مِنْ عَرْضِ بَعْضِ الْمَرَائِي الَّتِي أُرِيهَا رَسُولُ اللهِ ﷺ فِي الْإِسْرَاءِ.. أَوْ رَآهَا فِي الْمِعْرَاجِ.. وَفَهِمْنَا الْإِرَاءَةَ وَالرُّؤْيَةَ فِي سِيَاقِ وَنِطَاقِ سُبْحَانِيَّةِ الْحَقِّ.. وَسُبْحَانِيَّةُ الْحَقِّ الَّتِي تَتَنَزَّهُ فِي اللهِ وَذَاتِهِ.. وَتَتَنَزَّهُ فِي فِعْلِ اللهِ.. وَتَتَنَزَّهُ فِي صِفَاتِ اللهِ سُبْحَانَهُ وَتَعَالَى.. وَبَعْدَ ذَلِكَ عَرَضْنَا لِبَعْضِ الْمَرَائِي.. وَقُلْنَا: إِنَّ هَذِهِ الْمَرَائِي جَعَلَهَا اللهُ سُبْحَانَهُ وَتَعَالَى كَوَسِيلَةِ الْإِيضَاحِ بِالنِّسْبَةِ لِبَعْضِ الْأُمُورِ الْعَظِيمَةِ الَّتِي تَتَعَلَّقُ بِالدَّعْوَةِ وَبَدَأْنَاهَا بِأَمْرِ الْفِطْرَةِ.. لِأَنَّ التَّدَيُّنَ أَوِ الْإِسْلَامُ أَوْ مَعِيشَةُ الْحَقِّ هُوَ دِينُ الْفِطْرَةِ.. وَكُلُّ مَا يَطْرَأُ فِي دِينٍ أَوْ غَفْلَةٍ مِمَّا يَكُونُ فِي صِنَاعَةِ الْبَشَرِ وَإِفْسَادِهِمْ كَمَا يُفْسِدُونَ الْعِنَبَ فَيَجْعَلُونَهُ خَمْراً.. وَبَعْدَ ذَلِكَ تَكَلَّمْنَا عَنِ الْانْسِيَاحِ بِدَعْوَةِ الْفِطْرَةِ فِي الْجِهَادِ.. ثُمَّ تَكَلَّمْنَا عَنْ عُمُرِ الدُّنْيَا.. وَهُوَ الْمَوْضُوعُ الَّذِي يَشْغَلُ كَثِيراً مِنَ النَّاسِ فِي حَيَاتِهِمْ.. وَبَعْدَ ذَلِكَ تَأْتِي الْمَرَائِي الْأُخْرَى.. وَهِيَ مُرَكَّزَةٌ حَوْلَ مَعَانِي تَتَعَلَّقُ بِالْمَالِ.. وَتَتَعَلَّقُ بِالْأَعْرَاضِ.. وَتَتَعَلَّقُ بِالْكَلِمَةِ.. أَمَّا الَّذِي يَتَعَلَّقُ بِالْمَالِ.. فَإِنَّ الْحَقَّ سُبْحَانَهُ وَتَعَالَى عَرَضَ عَلَى رَسُولِ اللهِ ﷺ آيَةً.. هَذِهِ

him, not that he swims in it. And yet he is fed stones. Therefore, the blood he swims in does not benefit his basic nourishment; rather, he has replaced his basic food, which is blood, with being fed stones. And that is a natural matter because what is the point of profit-seeking? Profit-seeking is to exploit the opportunity of a non-existent, and the poverty of a poor person, to increase your wealth. This means that you have made yourself everything, and your selfishness in benefiting is everything. Why? Because the Truth ﷻ, when He made the Earth permissible for all people to work in it with their energies created for Allah ﷻ, with their minds created for Allah, i.e. you toil in the matter created for Allah with the thought that Allah created and with the strength and energy that Allah created. At least make Allah a partner with you, meaning that for Allah is the capital and for you is the labour. And you have no labour. You are a thought that you plan with from the action of Allah, [with] land you harvest in from the creation of Allah, [with] energy and strength you work with from the creation of Allah. And then you gain something. At least do not less than give charity to one of the destitute who does not find the strength to work with, the space to work in, nor the thought to plan. At least give him something from the wealth of Allah ﷻ that He gave you. For you to exploit the weakness of the destitute and his poverty to increase your richness, this is grave injustice.

Then indeed, Allah ﷻ set forth a parable to clarify to the people that their actions of usury will not benefit them; they will merely accumulate blood not to flow in

الْآيَةُ أَنَّهُ رَأَى قَوْماً يَسْبَحُونَ فِي بَحْرٍ مِنْ دَمٍ.. ثُمَّ مَعَ ذَلِكَ يُلْقُونَ الْحِجَارَةَ.. فَسَأَلَ عَنْهُمْ أَخَاهُ جِبْرِيلَ.. فَقَالَ: هَؤُلَاءِ آكَلَةُ الرِّبَا . وَالصُّورَةُ الرَّمْزِيَّةُ.. فِي أَنَّهُمْ يَسْبَحُونَ فِي بِرْكَةٍ مِن الدَّمِ.. وَالدَّمُ يُفِيدُ وَيَنْفَعُ حِينَ يَكُونُ سَارِيًا فِي شَرَايِينِكَ وَأَوْرِدَتِكَ.. وَلَكِنَّهُ حِينَ يَخْرُجُ وَيُصْبِحُ شَيْئاً ثَقِيلاً يَثْبُطُ مَنْ يَسْبَحُ فِيهِ.. فَلَمْ يَعُدْ لَهُ فَائِدَةٌ.. فَالَّذِي يَسْبَحُ فِي بِرْكَةٍ مِنَ الدَّمِ.. وَمَعَ ذَلِكَ يُلْقَمُ الْحِجَارَةَ فَكَأَنَّهُ نَقَلَ الْأَوْضَاعَ.. وَالْمَفْرُوضُ أَنَّ الدَّمَ يَنْفَعُ فِي جَوْفِهِ.. لَا أَنْ يَسْبَحَ فِيهِ.. وَمَعَ ذَلِكَ يُلْقَمُ الْحِجَارَةَ.. إِذاً.. لَمْ يُغْنِهِ الدَّمُ الَّذِي يَسْبَحُ فِيهِ عَلَى غَذَائِهِ الْأَسَاسِيِّ.. بَلْ هُوَ قَدْ اسْتَعَاضَ عَنِ الْغَذَاءِ الْأَسَاسِيِّ وَهُوَ الدَّمُ بِأَنْ يُلْقَمَ الْحِجَارَةَ..

وَذَلِكَ أَمْرٌ طَبِيعِيٌّ.. لِأَنَّ مَا مَعْنَى الْمُرَابَاه.. المراباه أَنْ تَسْتَغِلَّ فُرْصَةَ عَدَمِ مَعْدُومٍ.. وَفَقْرِ فَقِيرٍ لِتَزِيدَ أَنْتَ مِنْ مَالِكِ.. مَعْنَى ذَلِكَ أَنَّكَ قَدْ جَعَلْتَ نَفْسَكَ كُلَّ شَيْءٍ.. وَجَعَلْتَ أَنَانِيَّتَكَ فِي الِانْتِفَاعِ هِيَ كُلُّ شَيْءٍ.. لِمَاذَا؟ لِأَنَّ الْحَقَّ سُبْحَانَهُ وَتَعَالَى حِينَمَا جَعَلَ الْأَرْضَ مُبَاحَةً لِجَمِيعِ النَّاسِ يَعْمَلُونَ فِيهَا طَاقَاتِهِمْ الْمَخْلُوقَةِ للهِ سُبْحَانَهُ وَتَعَالَى.. بِعُقُولِهِمْ الْمَخْلُوقَةِ للهِ.. أَيْ.. إِنَّكَ تَكْدَحُ فِي الْمَادَّةِ الْمَخْلُوقَةِ للهِ بِالْفِكْرِ الَّذِي خَلَقَهُ اللهُ.. وَبِالْقُوَّةِ وَالطَّاقَةِ الَّتِي خَلَقَهَا اللهُ.. فَلَا أَقَلَّ مِنْ أَنْ تَجْعَلَ اللهَ مُضَارِباً مَعَكَ.. بِمَعْنَى أَنَّ للهِ رَأْسَ الْمَالِ.. وَلَكَ أَنْتَ الْعَمَلُ.. وَأَنْتَ لَيْسَ لَكَ عَمَلٌ.. أَنْتَ فِكْرٌ تُخَطِّطُ بِهِ مِنْ فِعْلِ اللهِ.. وَأَرْضٌ تَحْصُدُ فِيهَا مِنْ خَلْقِ اللهِ.. وَطَاقَةٌ وَقُوَّةٌ تَعْمَلُ بِهَا مِنْ خَلْقِ اللهِ.. وَبَعْدَ ذَلِكَ تَكْتَسِبُ شَيْئاً.. لَا أَقَلَّ مِنْ أَنْ تَتَصَدَّقَ عَلَى الْمُعْدَمِ الَّذِي لَا يَجِدُ الْقُوَّةَ الَّتِي يَعْمَلُ بِهَا..

their veins but for them to swim in. Consider who swims in blood; what benefit do they derive from it? Yet in their true nourishment, they are fed stones. This is one of the images of usury that Allah ﷻ presented.

Then He spoke about honour. Honour is the sweet material temptation for many of Allah's ﷻ creation. People are preoccupied with two things: they love to amass wealth and consume people's honour. Thus, wealth and honour are subjects of corruption on Earth. Interestingly, [with regard to] the backbiting that Allah ﷻ addressed in His revelation to the Prophet ﷺ, he saw three images. Once, he saw people with copper nails scratching their faces; [when he] asked about them, he was told: these are those who backbite people. He saw them again taking pieces of their flesh and eating it. He saw them a third time taking foul, rotten flesh of people and eating it. He ﷻ presented these in three visions. These visions were to amplify the horror of this crime, which is to backbite a fellow human (in his honour). Then [he – the fellow human – was shown as] being as if dead, in the sense that if he were alive, he could defend himself. But due to their cowardice and weakness, they make him like the dead who cannot defend himself. After that, Allah ﷻ presented us with another image: the image of adultery. This hideous image was a people with good meat in front of them; they leave this good meat and go to foul, unripe, rotten meat. Asked about that, he [Jibrīl] said, "A man has a woman lawfully but leaves her and goes to a woman unlawfully, or a woman has a man lawfully but leaves him and goes to a man unlawfully."

أَوِ الَّذِي لَا يَجِدُ الْمَجَالَ لِيَعْمَلَ بِهِ.. أَوِ الَّذِي لَا يَجِدُ الْفِكْرَ لِيُخَطِّطَ.. لَا أَقَلَّ مِنْ أَنْ تُعْطِيَهُ شَيْئاً مِنْ مَالِ اللهِ سُبْحَانَهُ وَتَعَالَى الَّذِي آتَاكَ إِيَّاهُ.. فَكَوْنُكَ تَسْتَغِلُّ ضِعْفَ الْمُعْدَمِ وَفَقْرِهِ لِتَزْدَادَ أَنْتَ شَيْئاً مِنَ الْغِنَى.. هَذَا هُوَ الظُّلْمُ الْفَاحِشُ..

إِذاً.. إِنَّ اللهَ سُبْحَانَهُ وَتَعَالَى ضَرَبَ مَثَلاً حَتَّى يُبَيِّنَ لِلنَّاسِ أَنَّهُمْ بِعَمَلِهِمْ هَذَا لَنْ يَسْتَفِيدُوا مِنْهُ شَيْئاً.. وَأَنَّهُمْ سَيُكَدِّسُونَ دِمَاءً لَا لِتَجْرِي فِي عُرُوقِهِمْ.. وَلَكِنْ لِيَسْبَحُوا فِيهَا.. فَانْظُرُوا مَنْ يَسْبَحُ فِي دَمٍ.. مَا فَائِدَتَهُ مِنْهُ.. وَمَعَ ذَلِكَ فِي غَذَائِهِ الْحَقِيقِيِّ يُلْقَمُ الْحِجَارَةَ.. هَذِهِ صُورَةٌ مِنْ صُوَرِ الرِّبَا الَّتِي عَرَضَهَا اللهُ سُبْحَانَهُ وَتَعَالَى...

وَبَعْدَ ذَلِكَ تَكَلَّمَ عَنِ الْأَعْرَاضِ.. وَالْأَعْرَاضُ هِيَ الْمَادَّةُ الشَّهِيَّةُ الْحُلْوَةُ لِكَثِيرٍ مِنْ خَلْقِ اللهِ سُبْحَانَهُ وَتَعَالَى.. وَالنَّاسُ مَشْغُولُونَ بِاثْنَيْنِ.. بِالْأَمْوَالِ يُحِبُّونَ أَنْ يَجْمَعُوهَا.. وَبِأَعْرَاضِ النَّاسِ لِيَأْكُلُوهَا.. إِذاً فَالْمَالُ وَالْعَرَضُ هُمَا مَوْضُوعُ الْفَسَادِ فِي الْأَرْضِ.. وَالْحَقُّ سُبْحَانَهُ وَتَعَالَى عَرَضَ مَسْأَلَةَ الْأَعْرَاضِ.. وَمِنَ الْعَجِيبِ أَنَّ الْغِيبَةَ الَّتِي تَعَرَّضَ لَهَا الْحَقُّ سُبْحَانَهُ وَتَعَالَى فِي إِرَاءَتِهِ لِرَسُولِ ﷺ.. لَقَدْ رَأَى ثَلَاثَ صُوَرٍ.. رَأَى مَرَّةً قَوْماً لَهُمْ أَظْفَارٌ مِنْ نُحَاسٍ يَخْدِشُونَ بِهَا وُجُوهَهُمْ.. فَسَأَلَ عَنْهُمْ.. فَقِيلَ: الَّذِينَ يَغْتَابُونَ النَّاسَ.. وَرَآهُمْ مَرَّةً أُخْرَى يَأْخُذُونَ قِطَعاً مِنْ لُحُومِهِمْ فَيَأْكُلُونَهَا.. وَرَآهُمْ مَرَّةً ثَالِثَةً يَأْخُذُونَ لَحْماً مُنْتِناً مِنَ النَّاسِ فَيَأْكُلُونَهُ.. فَعَرَضَهَا فِي ثَلَاثَةِ مَرَائِي... هَذِهِ الْمَرَائِي كَانَتْ لِتَضْخِيمِ فَظَاعَةِ هَذَا الْجُرْمِ.. وَهُوَ أَنْ يَغْتَابَ الْإِنْسَانُ أَخَاهُ الْإِنْسَانَ.. «فِي عِرْضِهِ» وَبَعْدَ

Also, another image [was presented]: the image of the word spoken by a person. We hear in literature, "If I do not speak the word, I own it. If I speak it, it owns me." Once I speak it, I cannot take it back. Similarly, Allah ﷻ presented these images. He found a great bull that had emerged from a stone and wants to re-enter that stone but cannot. The Messenger of Allah ﷺ asked Jibrīl about it. He said, "This is like the man who says a word then tries to retract it but cannot." After that, Allah ﷻ presented another thing to the Messenger of Allah ﷺ: a man carrying a burden he cannot bear, yet he extends his hand to take another thing to load upon himself. Asked about that, he [Jibrīl] said, "These are those who carry trusts; they are incapable of fulfilling them, yet they love to increase their burden, and they cannot bear what they already have."

All these visions seen by the Messenger of Allah ﷺ were illustrative to make clear to the believer how the recompense of such people would be, and how their hereafter would be so that they might be horrified by these scenes and abandon such deeds.

Among the visions he saw, he saw people who were smashing their heads with stones, and each time the heads were smashed, they would return to as they were before, unremittingly. Their heads were struck with stones and shattered, then restored and smashed again. He asked, "Who are these, O Jibrīl?" He replied, "These are those who are lazy about prayer." It appears to us that they strike the heads because laziness in prayer is merely a mental process, and the idea that a person, if he focuses

ذَلِكَ كَوْنُهُ مَيْتَةً بِمَعْنَى أَنَّهُ لَوْ كَانَ حَياً.. كَانَ يُمْكِنُهُ أَنْ يُدَافِعَ عَنْ نَفْسِهِ.. وَلَكِنْ: . لِجُبْنِهِ وَضُعْفِهِ جَعَلَهُ كَالْمَيِّتِ الَّذِي لَا يَسْتَطِيعُ أَنْ يُدَافِعَ عَنْ نَفْسِهِ.. وَبَعْدَ ذَلِكَ عَرَضَ الْحَقُّ سُبْحَانَهُ وَتَعَالَى لَنَا صُورَةً أُخْرَى.. وَهِيَ: صُورَةُ الزِّنَا.. تِلْكَ الصُّورَةُ الْبَشِعَةُ.. عَرَضَ اللهُ سُبْحَانَهُ وَتَعَالَى عَلَيْهِ شَيْئاً.. قَوْمٌ أَمَامَهُمْ لَحْمٌ طَيِّبٌ.. يَتْرُكُونَ هَذَا اللَّحْمَ الطَّيِّبَ.. وَيَذْهَبُونَ إِلَى لَحْمٍ خَبِيثٍ مُنْتِنٍ غَيْرِ نَاضِجٍ.. فَسَأَلَ عَنْ ذَلِكَ.. فَقَالَ: الرَّجُلُ تَكُونُ عِنْدَهُ الْمَرْأَةُ مِنَ الْحَلَالِ.. فَيَتْرُكُهَا وَيَذْهَبُ إِلَى الْمَرْأَةِ الْحَرَامِ.. أَوِ الْمَرْأَةُ يَكُونُ عِنْدَهَا الرَّجُلُ فِي الْحَلَالِ.. فَتَدَعُهُ عَنْهُ.. وَتَذْهَبُ إِلَى الرَّجُلِ مِنَ الْحَرَامِ...

وَأَيْضاً صُورَةٌ أُخْرَى.. وَهِيَ صُورَةُ الْكَلِمَةِ يَقُولُهَا الْإِنْسَانُ.. وَنَحْنُ نَسْمَعُ فِي الْأَدَبِ.. «أَنَا إِنْ لَمْ أَتَكَلَّمْ بِالْكَلِمَةِ مَلَكْتُهَا.. وَإِنْ تَكَلَّمْتُ بِهَا مَلَكَتْنِي».. فَحِينَ أَتَكَلَّمُ بِهَا لَا أَقْدِرُ عَلَى رَدِّهَا ثَانِيَةً.. كَذَلِكَ عَرَضَ الْحَقُّ سُبْحَانَهُ وَتَعَالَى هَذِهِ الصُّوَرَ.. فَوَجَدَ ثَوْراً عَظِيماً قَدْ خَرَجَ مِنْ جُحْرٍ.. وَيُرِيدُ ذَلِكَ الثَّوْرُ أَنْ يَدْخُلَ ذَلِكَ الْجُحْرَ مَرَّةً ثَانِيَةً فَلَا يَسْتَطِيعُ.. فَسَأَلَ رَسُولُ اللهِ ﷺ جِبْرِيلَ.. فَقَالَ هَذَا.. مِثْلَ الرَّجُلِ يَقُولُ الْكَلِمَةَ.. ثُمَّ يُحَاوِلُ أَنْ يَرْجِعَ فِيهَا فَلَا يَسْتَطِيعُ.. وَبَعْدَ ذَلِكَ عَرَضَ عَلَى رَسُولِ اللهِ ﷺ شَيْءٌ آخَرُ.. رَجُلٌ يَحْمِلُ حِمْلاً لَا يَقْدِرُ عَلَيْهِ.. وَمَعَ ذَلِكَ يَمُدُّ يَدَهُ إِلَى شَيْءٍ آخَرَ لِيَضَعَهُ حِمْلاً عَلَى نَفْسِهِ.. فَسَأَلَ عَنْ ذَلِكَ.. فَقَالَ: هَؤُلَاءِ هُمُ الَّذِينَ يَحْمِلُونَ الْأَمَانَاتِ.. يَعْجِزُونَ عَنْ أَدَائِهَا.. وَمَعَ ذَلِكَ يُحِبُّونَ أَنْ يَزِيدُوا عَلَى ظُهُورِهِمْ حِمْلاً.. وَهُمْ لَا يَقْدِرُونَ أَنْ يَحْمِلُوا مَا مَعَهُمْ...

all his energies and capabilities to perform it, would do so regardless of his circumstances, distractions, or obstacles. But a person excuses himself from prayer in a manner he chooses: [due to] concern for benefit, lack of time, inability – all such things. Thus, the idea that inspires a person to be lazy about prayer sprouts in his head. The head that led the person to be lazy in performing the prayer deserves this retribution and should be smashed with stones. Would that it were smashed once and ended and he died. But no, it does not cease from him, meaning it recurs again to be struck anew. And so it remains thus in torment until the Day of Resurrection.

إِنَّ كُلَّ تِلْكَ الْمَرَائِي الَّتِي رَآهَا رَسُولُ اللهِ ﷺ مَثَلاً تَوْضِيحِيَّةٌ لِكَيْ يَتَبَيَّنَ لِلْمُؤْمِنِ كَيْفَ يَكُونُ جَزَاءُ مِثْلَ هَؤُلَاءِ. وَكَيْفَ تَكُونُ آخِرَتُهُمْ حَتَّى يَبْشَعُ لَهُمْ بِهَذِهِ الْمَنَاظِرِ هَذِهِ الْأَشْيَاءَ.. فَيَتَخَلُّوا عَنْهَا وَلَا يَرْتَكِبُوهَا..

وَمِنَ الْمَنَاظِرِ الَّتِي رَآهَا.. رَأَى قَوْماً يَرْضَخُونَ رُؤُوسَهُمْ بِالْحِجَارَةِ.. وَكُلَّمَا رَضَخَتْ عَادَتْ كَمَا كَانَتْ.. لَا يَفْتُرُ عَنْهُمْ.. تَضْرِبُ رُؤُوسَهُمْ بِالْحِجَارَةِ فَتَتَحَطَّمُ.. ثُمَّ تَرُدُّ مَرَّةً أُخْرَى ثُمَّ تَرْضَخُ.. فَقَالَ: مَنْ هَؤُلَاءِ يَا جِبْرِيلُ؟ فَقَالَ: هَؤُلَاءِ هُمُ الَّذِينَ يَتَكَاسَلُونَ عَنِ الصَّلَاةِ.. وَالظَّاهِرُ لَنَا أَنَّهُمْ يَضْرِبُونَ الرُّؤُوسَ.. لِأَنَّ التَّثَاقُلَ عَنِ الصَّلَاةِ لَيْسَ إِلَّا عَمَلِيَّةً فِكْرِيَّةً.. وَمَعْنَى عَمَلِيَّةً فِكْرِيَّةً..

أَنَّ الْإِنْسَانَ إِذَا رَكَّزَ كُلَّ طَاقَاتِهِ وَكُلَّ إِمْكَانِيَّاتِهِ بِحَيْثُ يُؤَدِّيهَا.. يُؤَدِّيهَا مَهْمَا كَانَتْ ظُرُوفُهُ.. وَمَهْمَا كَانَتْ شَوَاغِلُهُ.. وَمَهْمَا كَانَتِ الْمَوَانِعُ الَّتِي تَمْنَعُهُ.. وَلَكِنَّ الْإِنْسَانَ يُبْرِزُ لِنَفْسِهِ تَرْكَ الصَّلَاةِ بِأُسْلُوبٍ يَخْتَارُهُ.. الْحِرْصُ عَلَى الْمَصْلَحَةِ.. ضَيْقُ الْوَقْتِ.. عَدَمُ الْقُدْرَةِ.. كُلُّ شَيْءٍ مِنْ هَذَا الْقَبِيلِ.. فَكَأَنَّ الْفِكْرَةَ الَّتِي تُوحِي لِلْإِنْسَانِ بِأَنْ يَتَكَاسَلَ عَنِ الصَّلَاةِ.. إِنَّمَا هِيَ فِكْرَةٌ تَنْبُتُ فِي رَأْسِهِ.. فَالرَّأْسُ الَّذِي سَوَّلَ لِلْإِنْسَانِ أَنْ يَتَكَاسَلَ عَنْ أَدَاءِ الصَّلَاةِ هُوَ الَّذِي يَسْتَحِقُّ هَذَا الْجَزَاءَ.. وَيَجِبُ أَنْ يَرْضَخَ بِالْحِجَارَةِ.. وَلَيْتَهُ يَرْضَخُ مَرَّةً وَيَنْتَهِي وَيَمُوتُ.. وَلَكِنْ.. لَا يَفْتُرُ عَنْهُ.. وَمَعْنَى لَا يَفْتُرُ عَنْهُ.. أَنَّهُ يَعُودُ ثَانِيَةً لِيَضْرِبَ مَرَّةً أُخْرَى.. وَهَكَذَا.. فَيَبْقَى كَذَلِكَ فِي عَذَابٍ إِلَى يَوْمِ الْقِيَامَةِ...

THE OBLIGATION OF PRAYER

QUESTION

It is a question that may occur to us all: that prayer was ordained during the Miʿrāj. This image was seen by the Messenger of Allah ﷺ before prayer was ordained for his Ummah. Naturally, the same query could be posed about the eaters of usury, the devourers of orphans' wealth, and the other image indicating social legislations in the Islamic community that had not been ordained because they were to be ordained later in Madinah after the migration. But let's focus on the example of prayer and mention all the acts of worship and all the duties and commands that came down in Islam. They were all by revelation from Allah ﷻ to His Messenger ﷺ through Jibrīl. But prayer specifically was not through Jibrīl. It is the only act of worship that reached us and drew our attention that it was ordained directly from Allah ﷻ to Muhammad ﷺ. Does this have a particular significance?

ANSWER

Regarding the matters shown to the Prophet Muhammad ﷺ that were not yet legislated in Islam because their legislation would come later, the knowledge with Allah ﷻ regarding these matters is not sequential – that He knows one thing to happen first and then another. Rather, everything in the universe, as it was and will be, is known to Allah ﷻ all at once. It is as if the Truth ﷻ

فَرْضُ الصَّلَاةِ

سُؤَالٌ

أَنَا أُرِيدُ الآنَ أَنْ أَسْأَلَ فِي مَوْضُوعِ الصَّلَاةِ.. هُوَ سُؤَالٌ رُبَّمَا يَتَبَادَرُ إِلَى أَذْهَانِنَا جَمِيعاً.. وَهُوَ: أَنَّ الصَّلَاةَ فُرِضَتْ فِي الْمِعْرَاجِ.. وَهَذِهِ الصُّورَةُ يَرَاهَا رَسُولُ اللهِ ﷺ قَبْلَ أَنْ تُفْرَضَ الصَّلَاةَ عَلَى أُمَّتِهِ.. طَبْعاً.. إِنَّهُ نَفْسُ التَّسَاؤُلِ يُمْكِنُ أَنْ يَكُونَ مَطْرُوحاً بِالنِّسْبَةِ لِآكِلِ الرِّبَا.. وَآكِلِ مَالِ الْيَتَامَى.. وَالصُّورَةُ الْأُخْرَى الَّتِي تَدُلُّ عَلَى تَشْرِيعَاتٍ اِجْتِمَاعِيَّةٍ فِي الْمُجْتَمَعِ الْإِسْلَامِيِّ.. لَمْ تَكُنْ قَدْ فُرِضَتْ.. لِأَنَّهَا سَتُفْرَضُ بَعْدَ ذَلِكَ فِي الْمَدِينَةِ الْمُنَوَّرَةِ بَعْدَ الْهِجْرَةِ.. وَلَكِنْ.. سَنَجْتَزِي بِالْمِثَالِ الْخَاصِّ بِالصَّلَاةِ.. وَنَذْكُرُ كُلَّ الْعِبَادَاتِ.. وَكُلَّ الْفُرُوضِ وَالْأَوَامِرِ الَّتِي نَزَلَتْ فِي الْإِسْلَامِ.. إِنَّمَا كَانَتْ بِوَحْيٍ مِنَ اللهِ تَبَارَكَ وَتَعَالَى إِلَى رَسُولِهِ ﷺ عَنْ طَرِيقِ جِبْرِيلَ عَلَيْهِ السَّلَامُ.. لَكِنِ الصَّلَاةُ بِالذَّاتِ لَمْ تَكُنْ عَنْ طَرِيقِ جِبْرِيلَ.. فَهِيَ الْعِبَادَةُ الْوَحِيدَةُ الَّتِي بَلَغَتْنَا وَلَفَتَتْ اِنْتِبَاهَنَا أَنَّهَا تُفْرَضُ مِنَ اللهِ سُبْحَانَهُ وَتَعَالَى إِلَى مُحَمَّدٍ ﷺ فَهَلْ لِهَذَا دَلَالَةٌ مُعَيَّنَةٌ؟ هَذِهِ نُقْطَةٌ هَامَّةٌ نُحِبُّ أَنْ يُجِيبَ عَلَيْهَا فَضِيلَةُ الشَّيْخِ مُتَوَلِّي شَعْرَاوِي...

جَوَابٌ

أَمَّا مَسْأَلَةُ الْمَرَائِي الَّتِي أُرِيهَا رَسُولُ اللهِ ﷺ لِأُمُورٍ لَمْ تَكُنْ شُرِعَتْ فِي الْإِسْلَامِ لِأَنَّ تَشْرِيعَهَا سَيَتَأَخَّرُ.. فَالْعِلْمُ عِنْدَ اللهِ سُبْحَانَهُ وَتَعَالَى فِي الْمَسَائِلِ لَيْسَ مُتَرَتِّباً.. بِأَنْ يَعْلَمَ شَيْئاً يَقَعُ أَوَّلاً.. وَبَعْدَ ذَلِكَ شَيْءٌ يَقَعُ

endowed it with the ends of these matters so that when people face a command, they approach it with eagerness and longing because they already know what the consequences of opposing Allah's عَزَّ وَجَلَّ way in these matters are. Thus, the matters are fixed at Allah عَزَّ وَجَلَّ, but it is we who know in a sequence – we know a command and then its consequence. But Allah عَزَّ وَجَلَّ knows in the command and in the consequence without any sequence; everything is at once with Allah عَزَّ وَجَلَّ. Therefore, when Allah عَزَّ وَجَلَّ presents us with a picture of something He will command us with in the future, it is because the reality of the consequence with Him is so and has not changed or renewed at all. Hence, we must realize that when Allah عَزَّ وَجَلَّ speaks of a future matter, He does not speak of it in the future tense; the future tense is taken by humans in their time only. For the Truth عَزَّ وَجَلَّ, there is no future, no present, no past. This is clear in the saying of the Truth عَزَّ وَجَلَّ: "The command of Allah has come, so do not be impatient with it." If this speech were from someone other than Allah عَزَّ وَجَلَّ, we would say, how does He say "has come" and then say "do not be impatient"? Would one be impatient for what has not yet come? No, when He says "has come" regarding something, it is as if it is inevitably coming. There is no time with Allah عَزَّ وَجَلَّ.

ثَانِيَةً.. وَإِنَّمَا كُلُّ الْكَوْنِ بِمَا كَانَ وَيَكُونُ مَعْلُومٌ للهِ سُبْحَانَهُ وَتَعَالَى دُفْعَةً وَاحِدَةً.. وَكَأَنَّ الْحَقُّ سُبْحَانَهُ وَتَعَالَى أَمَدَّهُ بِنِهَايَاتِ هَذِهِ الْأَشْيَاءِ حَتَّى إِذَا مَا اسْتَقْبَلَتْ تَكْلِيفاً.. أَقْبَلَ النَّاسُ عَلَيْهَا بِشَغَفٍ وَبِلَهْفَةٍ وَبِشَوْقٍ.. لِمَاذَا؟ لِأَنَّهُمْ عَلِمُوا مُسْبَقاً مَاذَا يَكُونُ جَزَاءُ مَنْ يُخَالِفُ مَنْهَجَ اللهِ سُبْحَانَهُ وَتَعَالَى فِي هَذِهِ الْأَشْيَاءِ.. فَالْأَشْيَاءُ ثَابِتَةٌ عِنْدَ اللهِ تَبَارَكَ وَتَعَالَى.. وَلَكِنِ الْعِلْمُ.. عِلْمُنَا نَحْنُ الَّذِي فِيهِ التَّرْتِيبُ.. فَنَعْلَمُ تَكْلِيفاً.. وَنَعْلَمُ جَزَاءً بَعْدَ ذَلِكَ.. وَلَكِنْ عِلْمَ اللهُ تَعَالَى فِي التَّكْلِيفِ.. وَعِلْمَ اللهُ تَعَالَى فِي الْجَزَاءِ لَا تَرْتِيبَ فِيهِ أَبَداً.. بَلْ كُلُّ شَيْءٍ عِنْدَ اللهِ هُوَ.. هُوَ.. فَإِذَا كَانَ اللهُ تَعَالَى قَدْ عَرَضَ لَنَا صُورَةً لِشَيْءٍ سَيُكَلِّفُنَا بِهِ فِيمَا بَعْدُ.. فَلِأَنَّ الْوَاقِعَ فِي الْجَزَاءِ عِنْدَهُ هُوَ هَذَا وَلَمْ يَتَغَيَّرْ وَلَمْ يَتَجَدَّدْ فِيهِ شَيْءٌ آخَرُ أَبَداً.. وَلِذَلِكَ يَجِبُ أَنْ نَفْطِنَ إِلَى أَنَّ اللهَ سُبْحَانَهُ وَتَعَالَى حِينَمَا يَتَكَلَّمُ عَنْ أَمْرٍ مُسْتَقْبَلٍ يَتَكَلَّمُ عَنْهُ لَا بِصِفَةِ الْاسْتِقْبَالِيَّةِ.. فَصِفَةُ الْاسْتِقْبَالِيَّةِ يَأْخُذُهَا الْبَشَرُ بِزَمَانِهِمْ فَقَطْ.. أَمَّا بِالنِّسْبَةِ لِلْحَقِّ سُبْحَانَهُ وَتَعَالَى فَلَا اسْتِقْبَالَ.. وَلَا حَالَ وَلَا مَاضِيَ.. وَلِذَلِكَ تَجِدُ هَذَا وَاضِحاً فِي قَوْلِ الْحَقِّ سُبْحَانَهُ وَتَعَالَى: ﴿أَتَىٰٓ أَمْرُ ٱللَّهِ فَلَا تَسْتَعْجِلُوهُ﴾.. لَوْ أَنَّ هَذَا الْكَلَامَ مِنْ عِنْدِ غَيْرِ اللهِ سُبْحَانَهُ وَتَعَالَى لَقُلْنَا.. كَيْفَ يَقُولُ «أَتَى» وَبَعْدَ ذَلِكَ يَقُولُ «لَا تَسْتَعْجِلْ» وَهَلْ تَسْتَعْجِلُ إِلَّا مَا لَمْ يَأْتِ؟ لَا.. حِينَ يَقُولُ لَهُ «أَتَى» فِي أَمْرٍ مَا يَأْتِ أَوْ سَيَأْتِي.. فَكَأَنَّهُ آتٍ لَا مَحَالَةَ.. فَلَا زَمَنَ عِنْدَ اللهِ تَعَالَى.. فَكَذَلِكَ هَذِهِ الْأَشْيَاءُ وَإِنْ كَانَتْ سَتَأْتِي بَعْدَ ذَلِكَ.. وَالْمُخَالِفُونَ سَيَأْتُونَ بَعْدَ ذَلِكَ.. إِلَّا أَنَّ اللهَ أَعَدَّ لَهُمْ ذَلِكَ الْجَزَاءَ.. وَإِنْ كَانَ قَبْلَ أَنْ يُوجَدَ التَّكْلِيفُ..

REGARDING PRAYER

There is a discussion that we must consider: they tell us that the Prophet Muhammad ﷺ led the prophets in prayer in Jerusalem before his ascension, and prayer was prescribed after the ascension. Prayer existed with every prophet and among the followers of every prophet. Hence, when Allah ﷻ said to Ibrāhīm, "And remember when Ibrāhīm was raising the foundations of the House and [with him] Ismāʿīl, [saying], 'Our Lord, accept [this] from us. Indeed, You are the Hearing, the Knowing.'" What does it say afterward? "And purify My House for those who perform Tawaf and those who stand [in prayer] and those who bow and prostrate." So, there are those who bow and those who prostrate – since the day Allah created the message and the day He created the command. Also, in Sūrah Maryam, "O Mary, be devoutly obedient to your Lord and prostrate and bow with those who bow [in prayer]." And in another verse, "Our Lord, I have settled some of my descendants in an uncultivable valley near Your sacred House, our Lord, that they may establish prayer." So, there was prayer, but not like the Islamic prayer. The Islamic prayer has the characteristic that it combines the features of all the prayers of the prophets. The prayers of the prophets had specific forms at specific times – two units in the early day and two in the late day, as well as a special form for standing, bowing, and prostrating. When Islamic prayer came, it took all the features of prayer. The Prophet Muhammad ﷺ did not take from the previous prophets the number that was

أَمَّا مَسْأَلَةُ الصَّلاَةِ:

هُنَا بَحْثٌ يَجِبُ أَنْ نَبْحَثَهُ وَهُوَ أَنَّهُمْ حَدَّثُونَا أَنَّ رَسُولَ اللهِ ﷺ صَلَّى إِمَاماً بِالْأَنْبِيَاءِ فِي بَيْتِ الْمَقْدِسِ قَبْلَ أَنْ يَعْرُجَ.. وَالصَّلاَةُ فُرِضَتْ بَعْدَ الْعُرُوجِ؟ فَنَقُولُ لَهُمْ: نَعَمْ... الصَّلاَةُ بِشَكْلِهَا الْإِسْلاَمِيِّ النِّهَائِيِّ.. لِأَنَّ الصَّلاَةَ مَوْجُودَةٌ مَعَ كُلِّ رَسُولٍ.. وَعِنْدَ أَتْبَاعِ كُلِّ رَسُولٍ..

وَلِذَلِكَ أَنَّ الْحَقَّ سُبْحَانَهُ وَتَعَالَى حِينَمَا يَقُولُ لِإِبْرَاهِيمَ: ﴿وَإِذْ يَرْفَعُ إِبْرَاهِيمُ الْقَوَاعِدَ مِنَ الْبَيْتِ وَإِسْمَاعِيلُ رَبَّنَا تَقَبَّلْ مِنَّا إِنَّكَ أَنتَ السَّمِيعُ الْعَلِيمُ﴾.. مَاذَا يَقُولُ بَعْدُ؟ . يَقُولُ: ﴿وَطَهِّرْ بَيْتِيَ لِلطَّائِفِينَ وَالْقَائِمِينَ وَالرُّكَّعِ السُّجُودِ﴾.. إِذاً فَهُنَاكَ رُكَّعٌ.. وَهُنَاكَ سُجُودٌ.. مِنْ يَوْمِ أَنْ خَلَقَ اللهُ الرِّسَالَةَ وَمِنْ يَوْمِ أَنْ خَلَقَ اللهُ التَّكْلِيفَ.. وَأَيْضاً فِي سُورَةِ مَرْيَمَ.. ﴿يَا مَرْيَمُ اقْنُتِي لِرَبِّكِ وَاسْجُدِي وَارْكَعِي مَعَ الرَّاكِعِينَ﴾.. وَفِي آيَةٍ أُخْرَى: ﴿... رَبَّنَا إِنِّي أَسْكَنتُ مِن ذُرِّيَّتِي بِوَادٍ غَيْرِ ذِي زَرْعٍ عِندَ بَيْتِكَ الْمُحَرَّمِ . . رَبَّنَا لِيُقِيمُوا الصَّلاَةَ..﴾ .. فَكَأَنَّ فِيهِ صَلاَةٌ وَلَكِنْ لَا كَالصَّلاَةِ الْإِسْلَامِيَّةِ.. فَالصَّلاَةُ الْإِسْلَامِيَّةُ خَاصِّيَّتُهَا أَنَّهَا جَمَعَتْ مِيزَاتِ كُلِّ صَلَوَاتِ الرُّسُلِ.. فَصَلَوَاتُ الرُّسُلِ كَانَتْ فِي بَعْضِ الْأَزْمِنَةِ غَدْوَةً.. عَشِيَّةً.. رَكْعَتَيْنِ فِي أَوَّلِ النَّهَارِ.. وَرَكْعَتَيْنِ فِي آخِرِ النَّهَارِ.. شَكْلٌ خَاصٌّ فِي الْقِيَامِ.. وَشَكْلٌ خَاصٌّ فِي الرُّكُوعِ.. وَشَكْلٌ خَاصٌّ فِي السُّجُودِ.. فَلَمَّا جَاءَتْ صَلاَةُ الْإِسْلَامِ ... أَخَذَتْ كُلَّ مِيزَاتِ الصَّلاَةِ.. وَلَمْ يَأْخُذْ رَسُولُ اللهِ مِنَ الرُّسُلِ السَّابِقَةِ الْعَدَدَ الَّذِي فُرِضَ عَلَى أُمَّةِ مُحَمَّدٍ ﷺ

prescribed for Muhammad's ﷺ nation with that time distribution – five times in the day and night. Therefore, we find that our Prophet Musa thought this too much, and we will discuss this later. Thus, there was prayer, but the prescribed prayer is the comprehensive prayer that gathers all the advantages of the prayers of the earlier prophets, especially since there was no prayer among them called the *ʿishāʾ* prayer, which came only for the Prophet Muhammad ﷺ.

The tasks that Allah commands His servants through the prophets are tasks of organizing their life's movement in terms of their society, their politics, their economy, and their ethics. And, indeed, the approach to this methodology must be driven by the fact that Allah ﷿ is the One who commanded it. Why? Because humans have social and ethical legislations; what makes me prefer human legislation to the legislation of the Truth ﷿? Because I believe that the Truth ﷿ is the God who is to be worshipped alone. And I must receive my tasks from Him. Therefore, the Truth ﷿, which I believe in, asks me to present it every day, not as a permanent shadow in Divine Dignity, and I remain in servitude to this Divinity. The prayer is the charge that charges the believer to approach his Lord's commands earnestly and with dedication – because this charge is the basis that will move this motorcycle of humanity.

Prayer, as an obligation, differed from all other decrees because it was directly ordained by Allah. When a leader writes a letter to a subordinate, it is an ordinary matter. But if the issue is more important, he summons him and

بِذَلِكَ التَّوْزِيعِ الزَّمَنِيِّ.. خَمْسَةُ أَوْقَاتٍ فِي الْيَوْمِ وَاللَّيْلَةِ.. وَلِذَلِكَ نَجِدُ أَنَّ سَيِّدَنَا مُوسَى اسْتَكْثَرَ هَذَا.. وَسَنَتَكَلَّمُ عَنْهُ فِيمَا بَعْدُ.. إِذاً.. كَانَتْ هُنَاكَ صَلاَةٌ.. وَلَكِنِ الصَّلاَةُ الَّتِي فُرِضَتْ.. هِيَ الصَّلاَةُ الْجَامِعَةُ لِكُلِّ مَزَايَا الصَّلَوَاتِ الْمُتَقَدِّمَةِ عِنْدَ الرُّسُلِ السَّابِقِينَ عَلَيْهِمُ الصَّلَوَاتُ وَالسَّلاَمُ. وَخَاصَّةً أَنَّهُ لَمْ تُوجَدْ صَلاَةٌ عِنْدَهُمُ اسْمُهَا صَلاَةُ الْعِشَاءِ الَّتِي جَاءَتْ فَقَطْ لِرَسُولِ اللهِ ﷺ...

بَعْدَ ذَلِكَ نَقُولُ: إِنَّ التَّكْلِيفَاتِ الَّتِي يُكَلِّفُ اللهُ بِهَا عِبَادَةً بِوَاسِطَةِ الرُّسُلِ.. هِيَ تَكْلِيفَاتُ تَنْظِيمِ حَرَكَةِ حَيَاتِهِمْ مِنْ نَاحِيَةِ مُجْتَمَعِهِمْ وَمِنْ نَاحِيَةِ سِيَاسَتِهِمْ وَاقْتِصَادِهِمْ وَأَخْلاَقِهِمْ... وَإِنَّ الإِقْبَالَ عَلَى هَذَا الْمَنْهَجِ لاَ بُدَّ أَنْ يَكُونَ بِدَافِعِ أَنَّ اللهَ تَعَالَى هُوَ الَّذِي أَمَرَ بِهِ.. لِمَاذَا؟ لِأَنَّ الْبَشَرَ لَهُمْ فِي مِثْلِ هَذِهِ الأُمُورِ تَشْرِيعَاتٌ اِجْتِمَاعِيَّةٌ وَخُلُقِيَّةٌ فَمَا الَّذِي يَجْعَلُنِي أَرْغَبُ عَلَى تَشْرِيعَاتِ الْبَشَرِ إِلَى تَشْرِيعَاتِ الْحَقِّ سُبْحَانَهُ ؟ لِأَنَّنِي آمَنْتُ بِأَنَّ الْحَقَّ سُبْحَانَهُ وَتَعَالَى هُوَ الإِلَهُ الَّذِي وَتَعَالَى يُعْبَدُ وَحْدَهُ.. وَيَجِبُ أَنْ أَتَلَقَّى تَكَالِيفِي مِنْهُ.. إِذاً.. إِنَّ الْحَقَّ تَعَالَى الَّذِي إِيمَانِي بِهِ هَكَذَا يَطْلُبُ مِنِّي أَنْ أَسْتَحْضِرَهُ كُلَّ يَوْمٍ لاَ ظِلَّ دَائِماً فِي رَبَّانِيَّةِ الْعِزَّةِ.. وَأَظَلُّ فِي عُبُودِيَّةٍ لِهَذِهِ الرَّبَّانِيَّةِ.. فَالصَّلاَةُ هِيَ الشُّحْنَةُ الَّتِي تَشْحَنُ الْمُؤْمِنَ لِيَقْبَلَ عَلَى أَوَامِرِ رَبِّهِ بِجِدٍّ وَاجْتِهَادٍ.. وَلِأَنَّ هَذِهِ الشُّحْنَةُ هِيَ الأَسَاسُ الَّذِي سَيُحَرِّكُ هَذَا «الْمُوتُوسِيكْلَ» الإِنْسَانِي...

لَقَدْ كَانَتِ الصَّلاَةُ بِالنِّسْبَةِ لِلْفَرْضِيَّةِ تَخْتَلِفُ عَنْ كُلِّ الأَحْكَامِ بِأَنْ فُرِضَتْ مِنَ اللهِ مُبَاشَرَةً.. وَقُلْتُ: إِنَّ الرَّئِيسَ حِينَمَا يَكْتُبُ إِلَى مَرْؤُوسِهِ كِتَاباً

says, "Do this and that." He only summons him because the matter is of utmost importance. Also, because the Prophet Muhammad ﷺ was honoured with the Miʿrāj due to his closeness to the presence of his Lord – and since it was an honour for his proximity to his Lord, and Muhammad ﷺ was sent as a mercy to all worlds, and his concern for his Ummah is profound – Allah ﷻ, in the state of his proximity to Him, chose only to return him with what would bring the believers closer to Allah ﷻ through the Prophet. Thus, prayer was the gift of proximity for closeness.

As for the Miʿrāj, it was an honour for the Prophet Muhammad ﷺ because it brought him close to the Lord. The Prophet Muhammad ﷺ was not alone in this honour; though he loved his Ummah, it was imperative that he return with a divine gift, a gift to those who believe in him, to serve as a means to closeness. Therefore, the Truth says, "Prostrate and draw near" – as if prostration, which is the most apparent sign of submission in prayer, is what brings a person closer to Allah ﷻ. This closeness, which the Prophet Muhammad experienced near his Lord, is as if Allah ﷻ greeted Muhammad ﷺ when He brought him near in the highest assembly by making his burden a gift and his load a treasure to be carried to the believers by the Prophet, to give them a share in closeness to Allah, as was the Prophet's share in closeness to Him.

Moreover, the prescribed prayer from Allah ﷻ has no function but to bring you closer to the Divine Presence, and [we aim] to clarify the meaning on your closeness to the Divine Presence.

فَيَكُونُ أَمْراً عَادِياً.. فَإِذَا كَانَ الأَمْرُ أَهَمَّ.. اِسْتَدْعَاهُ عِنْدَهُ.. وَقَالَ لَهُ: اِفْعَلْ كَذَا.. وَكَذَا.. فَهُوَ لَمْ يَسْتَدْعِهِ إِلَّا لِأَنَّ هَذَا أَمْرٌ بَالِغُ الْأَهَمِّيَّةِ.. وَأَيْضاً: لِأَنَّ رَسُولَ اللهِ ﷺ جُعِلَ لَهُ الْمِعْرَاجُ تَكْرِيماً لِقُرْبِهِ مِنْ حَضْرَةِ رَبِّهِ. وَمَا دَامَ تَكْرِيماً لِقُرْبِهِ مِنْ حَضْرَةِ رَبِّهِ.. وَمُحَمَّدٌ ﷺ مَبْعُوثٌ رَحْمَةً لِلْعَالَمِينَ جَمِيعاً.. وَحِرْصُهُ عَلَى أُمَّتِهِ حِرْصٌ شَدِيدٌ.. لَمْ يَشَأِ اللهُ تَعَالَى فِي مَقَامِ قُرْبِهِ مِنْهُ إِلَّا أَنْ يَرُدَّهُ بِمَا يُقَرِّبُ الْمُؤْمِنِينَ بِرَسُولِ اللهِ ﷺ مِنَ اللهِ سُبْحَانَهُ وَتَعَالَى.. فَكَانَتِ الصَّلَاةُ هَدِيَّةَ الْقُرْبِ لِلْقُرْبِ...

وَأَمَّا الْمِعْرَاجُ فَقَدْ كَانَ تَكْرِيماً لِرَسُولِ اللهِ ﷺ لِأَنَّهُ كَانَ قُرْباً مِنَ اللهِ سُبْحَانَهُ وَتَعَالَى.. لَمْ يَسْتَأْثِرْ رَسُولُ اللهِ ﷺ وَحْدَهُ بِالتَّكْرِيمِ.. مَعَ أَنَّهُ يُحِبُّ أُمَّتَهُ.. لَا.. لَا بُدَّ أَنْ يُرْجِعَهُ بِتُحْفَةِ اللهِ تَعَالَى وَبِهَدِيَّةٍ إِلَى مَنْ يُؤْمِنُ بِهِ.. لِتَكُونَ وَسِيلَةً إِلَى الْقُرْبَى.. وَلِذَلِكَ يَقُولُ الْحَقُّ.. ﴿...وَاسْجُدْ وَاقْتَرِبْ﴾.. فَكَأَنَّ السُّجُودَ الَّذِي هُوَ أَظْهَرُ مَظَاهِرِ الْخُضُوعِ فِي الصَّلَاةِ.. وَهُوَ الَّذِي يُقَرِّبُ الْإِنْسَانَ إِلَى اللهِ تَعَالَى.. ذَلِكَ الْقُرْبُ الَّذِي اقْتَرَبَهُ رَسُولُ اللهِ مِنْ رَبِّهِ.. فَكَأَنَّ اللهَ سُبْحَانَهُ وَتَعَالَى.. حَيَّا مُحَمَّد ﷺ حِينَ قَرَّبَهُ مِنْهُ فِي الْمَلَأِ الْأَعْلَى بِأَنْ حَمَّلَهُ هَدِيَّةً.. وَحَمَّلَهُ تُحْفَةً يَحْمِلُهَا إِلَى الْمُؤْمِنِينَ بِرَسُولِ اللهِ.. لِتَكُونَ لَهُمْ حَظاً فِي الْقُرْبِ مِنَ اللهِ.. كَمَا كَانَ لِرَسُولِ اللهِ حَظُّهُ فِي الْقُرْبِ مِنْهُ...

وَأَيْضاً.. لِأَنَّ الصَّلَاةَ الْمَفْرُوضَةَ مِنَ الْحَقِّ سُبْحَانَهُ وَتَعَالَى كَمَا قُلْنَا لَيْسَ لَهَا عَمَلٌ إِلَّا أَنْ تُقَرِّبَكَ مِنَ الْحَضْرَةِ الْإِلَهِيَّةِ.. وَلِتَوْضِيحِ مَعْنَى أَنَّ تَقَرُّبَكَ مِنَ الْحَضْرَةِ الْإِلَهِيَّةِ..

Human beings are a creation of Allah ﷻ, and Allah ﷻ is their Creator. A creation that stands before its Engineer and Maker who made it, five times every day, must be in the most complete state of adjustment. We said that a human engineer repairs a machine with a material thing he manufactures in it. However, the Truth ﷻ, because He is unseen, repairs His servant who stands before Him in this moment of closeness with an unseen command as well, not with a material process. So, you come from the presence of your Lord, and you see how you have relaxed, your worries have dissipated, and the strength of your faith has been bolstered.

Thus, prayer is what teaches a person to approach the tasks. If Islam was built on five pillars:

1. The testimony that there is no deity but Allah and that Muhammad is the Messenger of Allah.
2. Establishing prayer.
3. Paying the *zakāh*.
4. Fasting during Ramadan.
5. Pilgrimage to the House for whomever is able to find a way.

We come to see these pillars, but not all these pillars may exist except in some people. True, they are the pillars of Islam, but they are not the pillars of a Muslim, meaning: a Muslim might be poor and does not pay *zakāh*, so the obligation of *zakāh* falls from him. A Muslim might be sick or travelling, so he does not fast, and the obligation of fasting is lifted for a specified reason. He might not be able to perform Hajj, so the obligation of Hajj is lifted.

نَقُولُ:

إِنَّ الْإِنْسَانَ صِنَاعَةُ اللهِ تَعَالَى.. فَاللهُ تَعَالَى هُوَ صَانِعُهُ.. وَهِيَ صِنْعَةٌ تَقِفُ أَمَامَ مُهَنْدِسِهَا وَصَانِعِهَا الَّذِي صَنَعَهَا.. كُلَّ يَوْمٍ خَمْسَ مَرَّاتٍ.. فَلَا بُدَّ أَنْ تَكُونَ عَلَى أَوْفَى شَيْءٍ مِنَ الضَّبْطِ..

وَقُلْنَا: إِنَّ الْمُهَنْدِسَ مِنَ الْبَشَرِ يُصْلِحُ الْآلَةَ بِشَيْءٍ مَادِّي يَصْنَعُهُ فِيهَا.. وَلَكِنَّ الْحَقَّ سُبْحَانَهُ وَتَعَالَى لِأَنَّهُ غَيْبٌ يُصْلِحُ عَبْدَهُ الَّذِي يَقِفُ بَيْنَ يَدَيْهِ فِي لَحْظَةِ الْقُرْبِ هَذِهِ بِأَمْرٍ غَيْبِيٍّ أَيْضاً.. وَلَيْسَ بِعَمَلِيَّةٍ مَادِّيَّةٍ.. فَتَخْرُجُ مِنْ مَقَامِ رَبِّكَ وَأَنْتَ تَرَى كَيْفَ ارْتَحْتَ.. وَكَيْفَ تَبَدَّدَتْ هُمُومُكَ.. وَكَيْفَ قَوَّيْتَ طَاقَةَ إِيمَانِكَ...

إِذاً.. إِنَّ الصَّلَاةَ هِيَ الَّتِي تُعَلِّمُ الْإِنْسَانَ كَيْ يَقْبَلَ عَلَى التَّكَالِيفِ.. وَإِذَا كَانَ الْإِسْلَامُ قَدْ بُنِيَ عَلَى خَمْسٍ...

١ - شَهَادَةُ أَنْ لَا إِلَهَ إِلَّا اللهُ وَأَنَّ مُحَمَّدٌ رَسُولُ اللهِ..

٢ - إِقَامَةُ الصَّلَاةِ...

٣ - إِيتَاءُ الزَّكَاةِ...

٤ - صَوْمُ رَمَضَانَ...

٥ - حَجُّ الْبَيْتِ لِمَنِ اسْتَطَاعَ إِلَيْهِ سَبِيلاً...

نَأْتِي لِنَرَى هَذِهِ الْأَرْكَانَ.. قَدْ لَا تُوجَدَ هِذِهِ الْأَرْكَانُ إِلَّا فِي بَعْضِ النَّاسِ.. صَحِيحٌ هِيَ أَرْكَانُ الْإِسْلَامِ.. وَلَكِنْ لَيْسَتْ هِيَ أَرْكَانُ الْمُسْلِمِ.. بِمَعْنَى: أَنَّ الْمُسْلِمَ قَدْ يَكُونُ فَقِيراً لَا يُزَكِّي... فَيَسْقُطُ عَنْهُ فَرْضُ الزَّكَاةِ.. وَالْمُسْلِمُ قَدْ يَكُونُ مَرِيضاً أَوْ مُسَافِراً.. فَلَا يَصُومُ وَيَسْقُطُ عَنْهُ فَرْضُ الصَّوْمِ لِأَجَلٍ

Therefore, they are the pillars of Islam, not of a Muslim, because a Muslim first depends on the testimony, then on maintaining prayer. Thus, the fundamental pillars that never separate from a Muslim are the testimony and prayer. Even in war or if a Muslim is sick and unable to sit, it is said that he must perform the prayer even with his heart. Thus, there is no excuse for it to fall at all. No escape and no refuge.

You are required to testify once in your life that there is no deity but Allah and that Muhammad is the Messenger of Allah. After that, you may fast, and if you are unable to perform Hajj, you do not perform it. What remains for you from the pillars of Islam is prayer, the repeated pillar. This is the meaning of the noble Hadith, "Prayer is the pillar of religion."

When you look at prayer, you find that in it, all the pillars of Islam do not fall because, in prayer, you must testify that there is no deity but Allah and that Muhammad is the Messenger of Allah. The first pillar is repeated in it.

Zakāh, also, involves the giving of a portion of one's wealth to those in need, which signifies sacrificing something of your wealth. In Islamic tradition, money represents a fraction of time since earning it requires time. Thus, giving *zakāh* is like sacrificing a part of your wealth that you have earned from your labour, which is, in turn, derived from your time investment. While prayer does not take from your wealth, it does take from your time, the very time during which you would have earned that wealth. Thus, *zakāh* involves a portion of the wealth derived from labour, and labour comes from time. How-

مُسَمًّى.. وَقَدْ لَا يَسْتَطِيعُ الْحَجَّ فَيَسْقُطُ عَنْهُ فَرْضُ الْحَجِّ...

إِذاً هِيَ أَرْكَانُ الْإِسْلَامِ.. وَلَيْسَتْ أَرْكَانُ الْمُسْلِمِ.. لِأَنَّ الْمُسْلِمَ يَعْتَمِدُ أَوَّلاً عَلَى الشَّهَادَةِ ثُمَّ الصَّلَاةُ بِإِقَامَتِهَا.. وَعَلَى هَذَا فَإِنَّ الرُّكْنَ الْأَسَاسِيَّ الَّذِي لَا يَنْفَكُّ عَنِ الْإِنْسَانِ الْمُسْلِمِ أَبداً.. هِيَ الشَّهَادَةُ وَالصَّلَاةُ.. وَالصَّلَاةُ بِإِقَامَتِهَا أَيْضاً لَا تَنْفَكُّ عَنِ الْمُسْلِمِ أَبَداً حَتَّى وَهُوَ فِي الْحَرْبِ.. أَوْ هُوَ مَرِيضٌ لَا يَسْتَطِيعُ الْجُلُوسَ.. إِذْ قِيلَ: إِنَّهُ يَجِبُ عَلَيْهِ أَنْ يُؤَدِّي الصَّلَاةَ حَتَّى وَلَوْ بِقَلْبِهِ.. إِذاً.. فَلَا عُذْرَ لَهَا فِي السُّقُوطِ أَبداً..لَا مَهْرَبَ وَلَا مفَرَّ...

أَنْتَ مَطْلُوبٌ مِنْكَ أَنْ تَشْهَدَ بِأَنْ لَا إِلَهَ إِلَّا اللهَ وَأَنَّ مُحَمَّدٌ رَسُولُ اللهِ. مَرَّةً فِي حَيَاتِكَ.. وَبَعْدَ ذَلِكَ قَدْ تَصُومُ.. وَإِذَا كُنْتَ غَيْرَ مُسْتَطِيعٍ لِلْحجِّ فَلَا تَحُجَّ.. فَمَا الَّذِي بَقِيَ لَكَ مِنْ أَرْكَانِ الْإِسْلَامِ.. بَقِيَ لَكَ الصَّلَاةُ وَهِيَ الرُّكْنُ الْمُكَرَّرُ.. وَهَذَا هُوَ مَعْنَى الْحَدِيثِ الشَّرِيفِ..

«الصَّلَاةُ عِمَادُ الدِّينِ»...

وَإِذَا نَظَرْتَ إِلَى الصَّلَاةِ وَجَدْتَهَا مَعَ كَوْنِهَا لَا تَسْقُطُ فِيهَا كُلُّ أَرْكَانِ الْإِسْلَامِ.. لِأَنَّكَ لَا بُدَّ فِي الصَّلَاةِ أَنْ تَشْهَدَ أَنْ لَا إِلَهَ إِلَّا اللهَ وَأَنَّ مُحَمَّداً رَسُولُ اللهِ.. فَالرُّكْنُ الْأَوَّلُ مُكَرَّرٌ فِيهَا..

وَأَيْضاً إِيتَاءُ الزَّكَاةِ.. مَا هِيَ الزَّكَاةُ؟ إِنَّ الزَّكَاةَ هِيَ شَيْءٌ مِنْ مَالٍ يُعْطَى لِلْمُحْتَاجِ.. أَيْ أَنْ تُضَحِّي بِشَيْءٍ مِنْ مَالِكَ.. وَالْمَالُ فِي عُرْفِ الْإِسْلَامِ فَرْعُ الْوَقْتِ.. لِأَنَّ الْعَمَلَ يَحْتَاجُ إِلَى وَقْتٍ.. فَكَأَنَّكَ ضَحَّيْتَ بِبَعْضِ مَالِكَ النَّاتِجِ مِنْ عَمَلِكَ النَّاتِجِ مِنْ اسْتِغْلَالِ وَقْتِكَ.. وَالصَّلَاةُ لَا تَأْخُذُ

ever, prayer takes directly from your foundational time itself.

When we dedicate an hour out of the twenty-four for prayer, we are carving out a part of time and dedicating it to prayer, just as a portion of wealth is carved out for *zakāh*. Hence, *zakāh* is a portion taken from wealth, and wealth arises from labour, which requires time. Prayer carves from that foundational time. Therefore, it includes a form of *zakāh* that is more significant than money. The resistance of many people to pray often stems from the belief that it requires time, which they feel could be used for other personal affairs. Our response to them is by paralleling it to how Allah describes the reduction in wealth for *zakāh*, not as a loss but as purification and growth, so too should the 'lost' time in prayer be viewed not as lost but as an investment that enhances and enriches the remaining time, just as *zakāh* leads to growth and usury to ruin.

Prayer also encompasses fasting, as fasting is abstaining from the desires of the stomach and private parts during the daylight of Ramadan. Yet, in prayer, you abstain from these desires, and additionally from movement and speech, and everything else; hence, it includes a form of fasting that has broader prohibitions than the fasting of Ramadan.

Regarding pilgrimage, when you pray, you are virtually present in the House of Allah, turning towards it, [being] mindful of it, and when prayer is the only pillar that never falls away from a Muslim, it incorporates all the pillars in it. You testify there is no deity but Allah and

مِنَ الْمَالِ.. وَلَكِنْ.. تَأْخُذُ مِنَ الْوَقْتِ الَّذِي يَعْمَلُ فِيهِ الْعَمَلُ الَّذِي يَأْتِي بِالْمَالِ. فَكَأَنَّ الزَّكَاةَ أَخَذَتْ شَيْئاً مِنَ الْمَالِ النَّاتِجِ مِنَ الْعَمَلِ.. وَالْعَمَلُ النَّاتِجُ عَنِ الْوَقْتِ.. إِلَّا أَنَّ الصَّلَاةَ أَخَذَتْ مِنَ الْوَقْتِ نَفْسِهِ.. مِنَ الْأَسَاسِ الْأَصِيلِ...

إِذاً.. حِينَمَا نَأْخُذُ مِنَ الْأَرْبَعَةِ وَالْعِشْرِينَ سَاعَةً.. سَاعَةً لِلصَّلَاةِ.. يَكُونُ قَدِ اقْتَطَعَ جُزْءاً مِنَ الْوَقْتِ فَجَعَلْتَهُ الصَّلَاةَ.. كَمَا يَقْتَطِعُ جُزْءاً مِنَ الْمَالِ..

إِذاً.. فَالزَّكَاةُ اِقْتِطَاعٌ مِنَ الْمَالِ.. وَالْمَالُ نَاشِيءٌ عَنِ الْعَمَلِ.. وَالْعَمَلُ يَحْتَاجُ إِلَى وَقْتٍ.. فَالصَّلَاةُ تَقْتَطِعُ مِنَ الْوَقْتِ الْأَسَاسِيِّ.. فَفِيهَا زَكَاةٌ أَهَمُّ مِنَ الْمَالِ.. وَالَّذِي يَمْنَعُ النَّاسَ عَنْ كَثِيرٍ مِنَ الصَّلَاةِ هُوَ أَنْ يَقُولُوا.. أَنَّهَا تَحْتَاجُ إِلَى وَقْتٍ.. وَهَذَا يُعَطِّلُنَا عَنْ مَصَالِحِنَا.. فَيَكُونُ رَدُّنَا عَلَيْهِمْ بِأَنْ نَقُولَ لَهُمْ: كَمَا سَمَّى اللهُ سُبْحَانَهُ وَتَعَالَى نُقْصَانَ الْمَالِ مِنَ الزَّكَاةِ.. زَكَاةٌ فَهُوَ لَمْ يُسَمِّهِ نُقْصَاناً.. وَلَكِنْ سَمَاءُ زَكَاةٍ وَنَمَاءٌ.. فَيَجِبُ أَنْ تَسْتَقْبِلَ أَيْضاً الْوَقْتَ الضَّائِعَ عِنْدَكَ فِي الصَّلَاةِ الَّذِي تَقُولُ عَلَيْهِ ضَائِعاً.. اِسْتِقْبَالُكَ النَّاقِصُ يَخْرُجُ مِنْ مَالِكِ.. فَهُوَ يُنَمِّيهِ وَيَزِيدُهُ وَلَا يُنْقِصُهُ.. فَكَذَلِكَ الْوَقْتُ إِذَا ضَحَّيْتَ مِنْهُ بِبَعْضِهِ.. وَجَعَلْتَهُ للهِ سُبْحَانَهُ وَتَعَالَى.. وَشَحَنْتَ الشَّخْصِيَّةَ.. فَإِنَّ الْبَرَكَةَ فِي بَقِيَّةِ الْوَقْتِ سَتُعَوِّضُكَ كُلَّ مَا قَدْ مَضَى.. كَمَا أَنَّ الزَّكَاةَ نَمَاءٌ.. وَالرِّبَا مَحْقٌ...

وَأَيْضاً فِيهَا صَوْمٌ.. وَمَا هُوَ الصَّوْمُ؟ الصَّوْمُ هُوَ الْإِمْسَاكُ عَنْ شَهْوَةِ الْبَطْنِ وَالْفَرْجِ نَهَارَ رَمَضَانَ.. لَكِنْ.. أَنَا فِي الصَّلَاةِ أُمْسِكُ عَنْ شَهْوَتَيِ

that Muhammad is His Messenger, and from *zakāh*, it gives something more beneficial than money – it gives time, which generates money. From fasting, you perform a fast above what you fast in Ramadan. From pilgrimage, you are always spiritually present at the House of your Lord every time you pray, as if you have performed the pilgrimage with your heart if you cannot do it in person.

الْبَطْنِ وَالْفَرْجِ وَعَنِ الْحَرَكَةِ وَالْكَلَامِ وَعَنْ كُلِّ شَيْءٍ.. إذاً.. فَفِيهَا لَوْنٌ مِنَ الصِّيَامِ مُتَعَلَّقَاتُهُ فِي الْمَنْعِ أَوْسَعُ مِنْ مُتَعَلَّقَاتِ الصِّيَامِ...

وَأَيْضاً فِيهَا «حَجُّ الْبَيْتِ مَنِ اسْتَطَاعَ إِلَيْهِ سَبِيلاً».. لِأَنَّكَ تَسْتَحْضِرُ وَأَنْتَ تُصَلِّي فِي بَيْتِ اللهِ سُبْحَانَهُ وَتَعَالَى.. فَتَتَّجِهُ إِلَيْهِ.. وَتَتَحَرَّى عَنْهُ.. وَلَمَّا كَانَتِ الصَّلَاةُ هِيَ الرُّكْنُ الْوَحِيدُ الَّذِي لَا يَسْقُطُ عَنِ الْمُسْلِمِ جاءَتْ فِيهَا كُلُّ الْأَرْكَانِ فِي شَهَادَةِ.. أَنْ لَا إِلَهَ إِلَّا اللهِ وَأَنَّ مُحَمَّدًا رَسُولُ اللهِ.. وَمِنَ الزَّكَاةِ بِشَيْءٍ أَفْيَدُ مِنَ الْمَالِ بَلْ بِالْوَقْتِ الَّذِي يَأْتِي بِالْمَالِ.. وَمِنْ صَوْمٍ صُمْتَهُ فَوْقَ مَا تَصُومُ فِي رَمَضَانَ.. وَاسْتِحْضَارٍ لِبَيْتِ رَبِّكَ فِي كُلِّ وَقْتٍ مِنَ الْأَوْقَاتِ.. فَكَأَنَّكَ حَجَجْتَ بِقَلْبِكَ.. وَإِنْ عَجِزْتَ عَنْ أَنْ تَحُجَّ بِنَفْسِكَ...

QUESTION

What about the role of Prophet Musa in advising the reduction of prayers for Muslims?

ANSWER

The obligation of prayer was direct, as previously mentioned, due to its importance. The narrative tells us that Allah initially prescribed fifty daily prayers, and then Prophet Muhammad ﷺ, after speaking with Musa, was advised to return to Allah to ask for a reduction. This process repeated until the prayers were reduced to five. There is an important point that Muslims should consider carefully, which is that our disdain for the Jews should not extend to Musa. Musa is a Messenger of Allah and one of the determined prophets. His request for Muhammad ﷺ to ask Allah to ease the burden of the prayers was not an overreach. Instead, it was an act of compassion, knowing from his own experience with his people, who struggled even with fewer prayers. Therefore, this is not a testament to our weakness but an acknowledgment of our potential limitations, based on his past experiences with his own people, not a judgment against us.

سُؤَالٌ

مَاذَا عَنْ دَوْرِ سَيِّدِنَا مُوسَى عَلَيْهِ السَّلَامُ فِي النُّصْحِ بِمُرَاجَعَةِ اللهِ سُبْحَانَهُ وَتَعَالَى لِلتَّخْفِيفِ عَنِ الْمُسْلِمِينَ بِإِنْقَاصِ الصَّلَاةِ؟

جَوَابٌ

هُنَا نُرِيدُ أَنْ نَدْخُلَ فِي الْمَوْضُوعِ.. وَهَذَا الْمَوْضُوعُ هُوَ فَرْضِيَّةٌ.. وَفَرْضِيَّةُ الصَّلَاةِ كَانَتْ بِالْمُبَاشَرَةِ كَمَا قُلْنَا سَابِقاً لِأَهَمِّيَتِهَا.. وَالرِّوَايَةُ الَّتِي قَالَتْ لَنَا: إِنَّ اللهَ سُبْحَانَهُ وَتَعَالَى قَدْ فَرَضَ خَمْسِينَ صَلَاةً.. وَبَعْدَ ذَلِكَ ذَهَبَ رَسُولُ اللهِ ﷺ إِلَى مُوسَى.. فَقَالَ لَهُ: ارْجِعْ إِلَى رَبِّكَ فَاسْأَلْهُ التَّخْفِيفَ.. وَتَكَرَّرَ ذَلِكَ حَتَّى صَارَتْ خَمْساً.. هُنَاكَ كَلَامٌ أُحِبُّ أَنْ يَلْتَفِتَ الْمُسْلِمُونَ إِلَيْهِ جَيِّداً.. وَهُوَ أَنَّ كَرَاهِيَّتَنَا لِلْيَهُودِ يَجِبُ أَنْ لَا تَنْسَحِبَ إِلَى مُوسَى عَلَيْهِ السَّلَامُ.. يَجِبُ أَنْ يُفْهَمَ هَذَا الْكَلَامُ جَيِّداً.. فَلَا يَدْخُلُ فِي نُفُوسِنَا شَيْءٌ عَلَى مُوسَى عَلَيْهِ السَّلَامُ.. لِأَنَّ مُوسَى عَلَيْهِ السَّلَامُ رَسُولُ اللهِ سُبْحَانَهُ وَتَعَالَى.. وَمُوسَى عَلَيْهِ السَّلَامُ مِنْ أُولِي الْعَزْمِ.. وَكَوْنِهِ يَطْلُبُ مِنْ رَسُولِ اللهِ ﷺ أَنْ يَرْجِعَ إِلَى رَبِّهِ فَيَسْأَلُهُ التَّخْفِيفَ.. هَلْ فِي ذَلِكَ وِصَايَةٌ؟ وَمَا نَوْعُ الْوِصَايَةِ؟ الْوِصَايَةُ تَكُونُ مِنَ الْإِنْسَانِ الَّذِي يَأْتِي لِيَفْرِضَ عَلَيَّ أَمْراً أَكْثَرَ.. أَمَّا الْوِصَايَةُ الَّتِي تَأْتِي بِالتَّخْفِيفِ هَلْ تُوصَفُ بِأَنَّهَا وِصَايَةٌ؟ أَنَّهُ يُرِيدُ أَنْ يُخَفِّفَ عَنِّي أُمُوراً يَعْلَمُ هُوَ أَنَّنِي لَا أُطِيقُهَا..

QUESTION

The narration mentioned earlier ("Indeed, your nation cannot endure it …") seems to diminish the stature and resilience of the Islamic nation. We dispute this in particular. And there is another narrative that says, "Indeed, your nation is weak, they cannot endure" or something to that effect. What can you say about this?

ANSWER

This is what is said. However, when Musa says to him, "I have tested nations before you", Allah ﷻ had only prescribed two prayers for the people of Musa ﷺ: a prayer at night and a prayer at dawn. Despite this, they did not maintain these prayers. [Considering] Musa ﷺ had seen a nation that was with him [that] did not maintain these two prayer times, what he said to the Messenger ﷺ is proof that he loves the Messenger ﷺ and loves the nation of the Messenger ﷺ. Therefore, he wants to spare them what his own nation endured because they were unable to do so. This is not a testimony that we are weak, but he assumes that we might not have the strength to bear it. Why? Because he experienced this with other nations, meaning his own people. Thus, this is a testimony against his nation, not against us, because it means that he knew his nation could not handle it and could not cope, so he extrapolated that judgement onto us. What made him extrapolate this to us? His certainty in what his nation had done. Thus, this matter is against them, not us.

سُؤَالٌ

فَضِيلَةَ الشَّيْخِ.. إِنَّ الرِّوَايَةَ الَّتِي ذَكَرْتَ «فَإِنَّ أُمَّتَكَ لَا تُطِيقُ» فَكَأَنَّهُ يُرِيدُ أَنْ يُقَلِّلَ مِنْ شَأْنِ الْأُمَّةِ الْإِسْلَامِيَّةِ وَاحْتِمَالِهَا.. نَحْنُ نُنَاقِشُ ذَلِكَ خَاصَّةً.. وَهُنَاكَ رِوَايَةٌ أُخْرَى تَقُولُ: فَإِنَّ أُمَّتَكَ ضِعَافٌ لَا يُطِيقُونَ أَوْ شَيْءٍ بِهَذَا الْمَعْنَى؟

جَوَابٌ

هَذَا مَا يُقَالُ.. لَكِنْ حِينَمَا يَقُولُ لَهُ مُوسَى.. أَنَا جَرَّبْتُ الْأُمَمَ قَبْلَكَ.. لَمْ يَكُنِ اللهُ سُبْحَانَهُ وَتَعَالَى قَدْ فَرَضَ عَلَى قَوْمِ مُوسَى عَلَيْهِ السَّلَامُ ذَلِكَ إِلَّا صَلَاتَيْنِ.. صَلَاةٌ بِالْعِشَى.. وَصَلَاةٌ بِالْغَدَاةِ.. وَمَعَ ذَلِكَ مَا قَامُوا بِهَا.. فَمُوسَى عَلَيْهِ السَّلَامُ حِينَمَا يَرَى أُمَّةً كَانَ مَعَهَا.. وَمَعَ ذَلِكَ لَمْ يَقُومُوا بِوَقْتَيْنِ مِنَ الْأَوْقَاتِ.. وَيَقُولُ لِرَسُولِ اللهِ ﷺ مَا قَالَهُ: فَهَذَا دَلِيلٌ عَلَى أَنَّهُ يُحِبُّ رَسُولَ اللهِ ﷺ.. وَيُحِبُّ أُمَّةَ رَسُولِ اللهِ.. وَلِذَلِكَ يُرِيدُ أَلَّا يُعَرِّضَهَا لِمَا تَعَرَّضَتْ لَهُ أُمَّتُهُ مِنْ أَنَّهَا لَمْ تَسْتَطِعْ.. فَهَذِهِ لَيْسَتْ شَهَادَةً بِأَنَّنَا ضُعَفَاءُ.. وَإِنَّمَا هُوَ يَفْتَرِضُ أَنَّنَا قَدْ لَا نَقْوَى عَلَى هَذَا.. لِمَاذَا؟ لِأَنَّهُ جَرَّبَ الْأُمَمَ فَلَمْ نَقْوَى.. وَمَعْنَى جَرَّبَ الْأُمَمَ.. أَيْ جَرَّبَ فِي قَوْمِهِ.. فَهَذِهِ شَهَادَةٌ ضِدَّ أُمَّتِهِ.. وَلَيْسَتْ ضِدَّنَا نَحْنُ.. لِأَنَّ مَعْنَى ذَلِكَ أَنَّهُ عَرَفَ أَنَّ أُمَّتَهُ لَمْ تَسْتَطِعْ وَلَمْ تَقْدِرْ.. فَسَحَبَ الْحُكْمَ عَلَيْنَا.. مَا الَّذِي جَعَلَهُ يَسْحَبُهُ عَلَيْنَا؟ يَقِينُهُ بِمَا فَعَلَتْهُ أُمَّتُهُ...

إِذاً.. فَهَذَا أَمْرٌ ضِدَّهُمْ.. وَلَيْسَ ضِدَّنَا نَحْنُ...

This, then, is an argument against them, not us. Then we come to the question about the multitude of prophets from Banī Isrāʾīl that Prophet Muhammad ﷺ encountered. We say that, as we mentioned before, prophets came to carry the message of Allah to His creation and to address the ailments of humanity. They are the divine physicians sent by Allah to heal humanity from its diseases. If a nation has many physicians, it indicates that its diseases are numerous. Since the prophets of Isrāʾīl were many, it implies that their tribulations were many, and that a single prophet was not enough for them; a prophet came at every period. This is evidence of the diseases among them, and that a single prophet was not enough. Thus, the fact that Jews had many prophets should not be taken to mean that they were the best or greatest of nations. We repeat to them that prophets are physicians, and the multitude of them among the Jews indicates that they had many serious diseases, and one physician was not enough, so the number of prophets multiplied. Yet, what was to be was among you.

If Allah intended the prayers to be five, why did He initially ordain fifty? The commandments from Allah are not for His need of our actions but for our own benefit. The fundamental principle is that the commandments do not benefit Allah; they are for our benefit. When Allah commands us, it is for our benefit. He gives us a reward commensurate with this commandment. When Allah ordained fifty prayers and then reduced them to five, did He reduce the reward He intended to give? No, the reward remained for fifty. Thus, the giving is dispropor-

ثُمَّ نَأْتِي إِلَى السُّؤَالِ عَنْ كَثْرَةِ أَنْبِيَاءِ بَنِي إِسْرَائِيلَ الَّذِينَ قَابَلَهُمْ سَيِّدُنَا رَسُولُ اللهِ ﷺ.. نَقُولُ: إِنَّ الْأَنْبِيَاءَ كَمَا سَبَقَ أَنْ قُلْنَا: إِنَّمَا جَاءُوا لِحَمْلِ مَنْهَجِ اللهِ تَعَالَى إِلَى خَلْقِ اللهِ تَعَالَى.. وَلِيُعَالِجُوا أَمْرَاضَ الْبَشَرِ.. فَهُمُ الْأَطِبَّاءُ الْإِلَهِيُّونَ الَّذِينَ أَرْسَلَهُمُ اللهُ تَعَالَى لِيُعَالِجُوا الْبَشَرِيَّةَ مِنْ عِلَّاتِهَا.. فَإِذَا مَا كَثُرَ عَلَى أُمَّةٍ أَطِبَّاءُ.. فَاعْلَمْ أَنَّ أَدْوَاءَهَا كَثِيرَةٌ.. فَمَا دَامَ أَنْبِيَاءُ إِسْرَائِيلَ كَانُوا كَثِيرِينَ فَمَعْنَاهُ أَنَّ بَلَاءَهُمْ كَانَ كَثِيراً.. وَأَنَّ نَبِياً وَاحِداً لَمْ يَكْفِهِمْ.. فَكَانَ كُلُّ وَقْتٍ يَأْتِيهِمْ نَبِيٌّ.. وَهَذَا دَلِيلٌ عَلَى اسْتِعْمَالِ الدَّاءَاتِ فِيهِمْ.. وَأَنَّ نَبِياً وَاحِداً لَمْ يَكُنْ لِيَكْفِيَهُمْ.. وَلِذَلِكَ لَا يُؤْخَذُ كَوْنُ الْيَهُودِ أَكْثَرَ أَنْبِيَاءٍ عَلَى أَنَّهُمْ أَحْسَنُ الْأُمَمِ وَأَعْظَمُهَا.. وَنُكَرِّرُ قَوْلَنَا لَهُمْ: إِنَّ الْأَنْبِيَاءَ أَطِبَاءُ.. وَكَثْرَتُهُمْ عِنْدَ الْيَهُودِ يَدُلُّ عَلَى أَنَّ أَمْرَاضَهُمْ أَمْرَاضٌ كَثِيرَةٌ مُعْضِلَةٌ.. وَأَنَّ طَبِيباً وَاحِداً لَا يَكْفِي.. فَتَعَدَّدَ الْأَنْبِيَاءُ.. وَمَعَ ذَلِكَ كَانَ مَا كَانَ مِنْكُمْ...

يَأْتِي هُنَا سُؤَالٌ مِنَ الْأَخِ رِيَاض وَهُوَ إِذَا كَانَ اللهُ قَدْ أَرَادَهَا خَمْسَةً.. فَلِمَاذَا فَرَضَهَا خَمْسِينَ أَوَّلاً؟

وَأَقُولُ: إِنَّ التَّكْلِيفَاتِ مِنَ اللهِ سُبْحَانَهُ وَتَعَالَى لَيْسَتْ لِحَاجَةِ اللهِ تَعَالَى إِلَى فِعْلِنَا.. وَإِنَّمَا هِيَ لِصَالِحِنَا نَحْنُ.. فَالْأَسَاسُ الْأَصِيلُ.. أَنَّ التَّكْلِيفَاتِ لَا يَنْتَفِعُ اللهُ تَعَالَى بِهَا.. وَإِنَّمَا هُوَ لِصَالِحِنَا نَحْنُ.. فَحِينَ يُكَلِّفُنَا اللهُ سُبْحَانَهُ وَتَعَالَى تَكْلِيفاً فَإِنَّهُ يَكُونُ لِصَالِحِنَا.. وَيُعْطِينَا جَزَاءً نَظِيرَ هَذَا التَّكْلِيفِ.. وَحِينَ فَرَضَ اللهُ سُبْحَانَهُ وَتَعَالَى خَمْسِينَ وَصَيَّرَهَا إِلَى خَمْسٍ؟ هَلْ أَنْقَصَ مَا يُرِيدُ إِعْطَاءَهُ مِنَ الثَّوَابِ.. أَمْ ظَلَّ الثَّوَابُ خَمْسِينَ؟ نَقُولُ: لَقَدْ ظَلَّ

tionate to the work, but the decree of giving from Allah remained fifty, and the giving remained. After that, the method was lightened, not the gift – initially fifty, then reduced to five, but the reward remained the same. Many people say, how could Allah repeal a command before it was enacted? The response is that people understand that the purpose of the commandment from Allah is merely the act of the task commanded. The intent of every commandment from Allah to His creation is two-fold:

1. To believe in the commandment and not reject it.
2. To enact it.

If you accept the first, you have taken part of the commandment. Then the other part is the action. I want to clarify this point. For example: Iblīs disobeyed his Lord, and Ādam disobeyed his Lord. Why was Iblīs expelled from Allah's mercy? And why did Ādam receive words upon which Allah repented to him? We come to look at each of their sins. Iblīs disobeyed Allah in that he rejected the commandment from Allah, saying, "Should I prostrate to one you created from clay?" – implying he did not approve of this commandment. "I am better than him." Thus, he rejected the commandment from whom? From Allah. But Ādam did not reject the commandment from Allah; he blamed himself and said, "Our Lord, we have wronged ourselves … and if You do not forgive us and have mercy on us, we will surely be among the losers."

When Allah commanded His Messenger that the prayer be fifty, the Messenger of Allah ﷺ accepted it and complied with the commandment without opposition. After that, he returned. His acceptance was as if he had

الثَّوَابُ خَمْسِينَ.. إِذاً.. فَالْعَطَاءُ غَيْرُ مُتَنَاسِبٍ مَعَ الْعَمَلِ فَتَقْرِيرُ الْعَطَاءِ مِنَ اللهِ تَعَالَى الْخَمْسِينَ.. وَظَلَّ الْعَطَاءُ هُوَ الْعَطَاءُ.. وَبَعْدَ ذَلِكَ خَفَّفَتِ الْوَسِيلَةُ لَا الْعَطَاءُ . فَبَعْدَ أَنْ كَانَتْ خَمْسِينَ أَصْبَحَتْ خَمْسَةً... وَلَكِنَّ الثَّوَابَ ظَلَّ كَمَا هُوَ... وَكَثِيرٌ مِنَ النَّاسِ يَقُولُونَ.. كَيْفَ يَنْسَخُ اللهُ تَعَالَى الْحُكْمَ قَبْلَ أَنْ تَمَكَّنَ مِنَ الْفِعْلِ؟ فَيَكُونُ رَدُّ فَاعِلِهِمْ... أَنَّ النَّاسَ يَفْهَمُونَ أَنَّ مُرَادَ التَّكْلِيفِ مِنَ اللهِ سُبْحَانَهُ وَتَعَالَى إِنَّمَا هُوَ فِعْلُ الشَّيْءِ الْمُكَلَّفِ بِهِ.. بِمَعْنَى أَنَّ الْمُرَادَ مِنْ كُلِّ تَكْلِيفٍ مِنَ اللهِ سُبْحَانَهُ وَتَعَالَى لِخَلْقِهِ أَمْرَانِ:

الْأَمْرُ الْأَوَّلُ: الْإِيمَانُ بِالتَّكْلِيفِ وَعَدَمُ رَدِّهِ...

الْأَمْرُ الثَّانِي: فِعْلُهُ...

فَإِذَا قَبِلْتَ الْأَوَّلَ فَقَدْ أَخَذْتَ شِقاً مِنَ الْأَمْرِ بِالتَّكْلِيفِ.. وَبَعْدَ ذَلِكَ الشِّقُّ الْآخَرُ وَهُوَ الْفِعْلُ.. وَأَنَا أُرِيدُ أَنْ أُوَضِّحَ هَذِهِ النُّقْطَةَ.. فَأَقُولُ مَثَلاً: إِبْلِيسُ عَصَى رَبَّهُ.. وَ آدَمُ عَصَى رَبَّهُ.. لِمَاذَا طَرَدَ إِبْلِيسَ مِنْ رَحْمَةِ اللهِ؟ وَلِمَاذَا تَلَقَّى آدَمُ كَلِمَاتٍ فَتَابَ اللهُ عَلَيْهِ؟

نَأْتِي وَنَنْظُرُ إِلَى مَعْصِيَّةِ كُلٍّ مِنْهُمَا.. فَإِبْلِيسُ عَصَى اللهَ تَعَالَى فِي أَنَّهُ رَدَّ الْأَمْرَ التَّكْلِيفِيَّ عَلَى اللهِ تَعَالَى . فَقَالَ لَهُ: ﴿أَأَسْجُدُ لِمَنْ خَلَقْتَ طِينًا﴾.. بِمَعْنَى أَنَّ لَا يُعْجِبُنِي هَذَا التَّكْلِيفُ... أَنَا خَيْرٌ مِنْهُ.. إِذاً.. فَقَدْ رَدَّ التَّكْلِيفَ عَلَى مَنْ؟ عَلَى اللهِ تَعَالَى.. لَكِنْ آدَمُ عَلَيْهِ السَّلَامُ لَمْ يَرُدَّ التَّكْلِيفَ عَلَى اللهِ تَعَالَى.. بَلِ اتَّهَمَ نَفْسَهُ وَقَالَ: ﴿رَبَّنَا ظَلَمْنَا أَنفُسَنَا... وَإِن لَّمْ تَغْفِرْ لَنَا وَتَرْحَمْنَا لَنَكُونَنَّ مِنَ الْخَاسِرِينَ﴾ فَحِينَ كَلَّفَ اللهُ سُبْحَانَهُ وَتَعَالَى

given something from the required commandment, which is his acceptance of the command charged to him. After that, the action is another thing. What was repealed was not the acceptance of the commandment but the action of the fifty, which became five. Thus, Allah had commanded something, and before enabling it from Him, He repealed it. We say that He enabled in one aspect and did not enable in the second, but from what? From that he accepted the commandment. And another example: Allah wanted from Ibrāhīm to sacrifice his son through a vision. What was [the reaction of] Ibrāhīm? He said, "'O my son, I have seen in a dream that I am to sacrifice you, so see what you think.' He said, 'O my father, do as you are commanded. You will find me, if Allah wills, of the steadfast.' … When they both submitted and he put him down upon his forehead … We called to him, 'O Ibrāhīm, you have fulfilled the vision …'". He accepted the command with faith and certainty, i.e. you and your son approached to do it, so you finished the matter. Thus, the commandment required two things from him. The first was to believe in it, and to receive it with acceptance and not rejection. Then came [the second thing] the action. Thus, if someone comes who has not reached, and we say to him, you have not reached, are you denying the prayer, or are you lazy? If he denies, we say to him, you have disbelieved. Why? Because he rejected the command at first. If he is lazy, we say to him, you must pray, you are only sinful. And whoever wants to legalize usury – and this is wrong – if he says, "Interest is haram, but I am forced to it", then he has accepted the judgment from Allah and his soul has weakened, i.e. he did not

رَسُولَهُ أَنْ تَكُونَ الصَّلاةُ خَمْسِينَ.. قَبِلَهَا رَسُولُ اللهِ ﷺ.. وَانْصَاعَ لِأَمْرِ التَّكْلِيفِ وَلَمْ يُعَارِضْ فِيهِ.. وَبَعْدَ ذَلِكَ رَجَعَ.. فَيَكُونُ قَبُولُهُ كَأَنَّهُ أَعْطَى شَيْئاً مِنَ الْمَطْلُوبِ مِنَ التَّكْلِيفِ.. وَهُوَ قَبُولُهُ الْأَمْرَ الْمُكَلَّفَ بِهِ.. وَبَعْدَ ذَلِكَ فِعْلُهُ شَيْءٌ آخَرُ.. فَالَّذِي نَسَخَ لَا قَبُولَ التَّكْلِيفِ.. وَلَكِنِ الَّذِي نَسَخَ فِعْلَ الْخَمْسِينَ.. حَيْثُ صَارَتْ إِلَى خَمْسٍ.. فَيَكُونُ اللهُ سُبْحَانَهُ وَتَعَالَى قَدْ كَلَّفَ بِشَيْءٍ وَقَبْلَ أَنْ يُمَكِّنَ مِنْهُ نُسْخَةً.. فَنَقُولُ: إِنَّهُ مَكَّنَ فِي وَاحِدَةٍ.. وَلَمْ يُمَكِّنْ مِنَ الثَّانِيَةِ.. لَكِنْ مِنْ مَاذَا؟ مِنْ أَنَّهُ قَبِلَ أَمْرَ التَّكْلِيفِ..

وَمِثَالٌ آخَرُ:

إِنَّ الْحَقَّ سُبْحَانَهُ وَتَعَالَى أَرَادَ مِنْ إِبْرَاهِيمَ عَلَيْهِ السَّلَامُ أَنْ يَذْبَحَ وَلَدَهُ وَبِرُؤْيَةٍ مَنَامِيَّةٍ.. مَاذَا كَانَ إِبْرَاهِيمُ؟ قَالَ: ﴿ يَا بُنَيَّ إِنِّي أَرَىٰ فِي الْمَنَامِ أَنِّي أَذْبَحُكَ فَانظُرْ مَاذَا تَرَىٰ ۚ قَالَ يَا أَبَتِ افْعَلْ مَا تُؤْمَرُ ۖ سَتَجِدُنِي إِن شَاءَ اللَّهُ مِنَ الصَّابِرِينَ ... فَلَمَّا أَسْلَمَا وَتَلَّهُ لِلْجَبِينِ ... وَنَادَيْنَاهُ أَن يَا إِبْرَاهِيمُ ... قَدْ صَدَّقْتَ الرُّؤْيَا...﴾ .. تَقَبَّلْتَ الْأَمْرَ بِإِيمَانٍ وَيَقِينٍ وَأَقْبَلْتَ أَنْتَ وَوَلَدُكَ لِتَفْعَلَهُ.. فَتَكُونَ قَدِ انْتَهَيْتَ الْمَسْأَلَةُ.. فَهَذَا هُوَ الْمُرَادُ فِي إِبْرَاهِيمَ.. فَكَأَنَّ الْأَمْرَ التَّكْلِيفِيَّ يَطْلُبُ مِنْهُ شَيْئَيْنِ...

الشَّيْءُ الْأَوَّلُ أَنْ نُؤْمِنَ بِهِ.. وَأَنْ يَتَلَقَّى بِالْقَبُولِ وَعَدَمِ الرَّفْضِ وَالرَّدِّ.. وَبَعْدَ ذَلِكَ فِعْلُهُ.. وَلِذَلِكَ إِذَا جَاءَ وَاحِدٌ لَمْ يَصِلْ.. وَنَقُولُ لَهُ أَنْتَ لَمْ تَصِلْ فَهَلْ أَنْتَ مُنْكِرٌ لِلصَّلَاةِ.. أَمْ كَسْلَانٌ؟ فَإِنْ كَانَ مُنْكِراً.. فَنَقُولُ لَهُ: كَفَرْتَ.. لِمَاذَا؟ لِأَنَّهُ رَدَّ الْأَمْرَ فِي الْأَوَّلِ.. وَإِنْ كَانَ مُتَكَاسِلاً ـ فَنَقُولُ لَهُ يَجِبُ أَنْ تُصَلِّيَ فَأَنْتَ عَاصٍ فَقَطْ...

implement it. He is a believer who is sinful. But whoever legalizes interest and legitimizes some of its forms enters the realm of disbelief. Why? Because he has not accepted the judgment from Allah and rejected it.

وَالَّذِي يُرِيدُ أَنْ يُحَلِّلَ الرِّبَا. وَهَذَا خَطَأٌ. فَإِنْ قَالَ: إِنَّ الرِّبَا حَرَامٌ وَلَكِنَّنِي مُضْطَرٌّ إِلَيْهِ.. فَإِنَّهُ قَدْ قَبِلَ الْحُكْمَ مِنَ اللهِ سُبْحَانَهُ وَتَعَالَى.. وَلَكِنْ نَفْسُهُ ضَعُفَتْ فَلَمْ يُنَفِّذْهُ. فَهَذَا مُؤْمِنٌ عَاصٍ.. لَكِنَّ الَّذِي يُحَلِّلُ الرِّبَا وَيُحَلِّلُ بَعْضَ صُوَرِهِ.. يَكُونُ قَدْ دَخَلَ فِي مِنْطَقَةِ الْكُفْرِ.. لِمَاذَا؟ لِأَنَّهُ لَمْ يَقْبَلِ الْحُكْمَ مِنَ اللهِ سُبْحَانَهُ وَتَعَالَى.. وَرَدَّهُ...

QUESTION

There is a question that might come to mind, and it is this: how did the Prophet Muhammad ﷺ meet the prophets while he was alive and they were deceased?

ANSWER

At the beginning, I want to say that the Holy Qur'an contains verses that, if one contemplates deeply, provide the foundation on which one's belief in that phase and what happened in it rests. For example, the fact that he (the Prophet ﷺ) met with the prophets and prayed with them, even though he was alive by the law of the living and they were dead by the law of the deceased. How did the living meet with the dead under the law of the living and perform a single act together?

Each one of us, when it (our soul) connects with us, it connects in different ways, which can be classified into two categories.

The first category: it connects during wakefulness and has its law.

The second category: it connects during sleep and has its law. Wakefulness and sleep are two states that the living undergo. Let us leave aside the metaphysical matter in the Barzakh (the period between death and resurrection) or what happens after resurrection. We are discussing the matter within our realm. I have two states while I am alive: the state of wakefulness and the state of sleep. The soul is connected to the body in the state of wakefulness,

سُؤَالٌ

فَضِيلَةَ الشَّيْخِ.. هُنَاكَ سُؤَالٌ يُمْكِنُ أَنْ يَرِدَ إِلَى الذِّهْنِ وَهُوَ... كَيْفَ الْتَقَى رَسُولُ اللهِ ﷺ بِالْأَنْبِيَاءِ.. وَهُوَ حَيٌّ... وَهُمْ مَوْتَى؟

جَوَابٌ

فِي الْبَدْءِ أُرِيدُ أَنْ أَقُولَ: إِنَّ الْقُرْآنَ الْكَرِيمَ فِيهِ آيَاتٌ.. وَهَذِهِ الْآيَاتُ لَوْ وَقَفَ الْإِنْسَانُ عِنْدَهَا بِإِمْعَانٍ.. تُعْطِي لَهُ الْأَصْلَ الَّذِي يَعْتَمِدُ عَلَيْهِ فِي إِيمَانِهِ بِالْمَرْحَلَةِ.. وَمَا حَدَثَ فِيهَا.. مَثَلًا: كَوْنُهُ (النَّبِيُّ ﷺ) يَلْتَقِي بِالْأَنْبِيَاءِ وَيُصَلِّي بِهِمْ.. مَعَ أَنَّهُ حَيٌّ بِقَانُونِ الْأَحْيَاءِ.. وَهُمْ مَوْتَى بِقَانُونِ الْمَوْتِ! فَكَيْفَ الْتَقَى الْحَيُّ بِقَانُونِ الْأَحْيَاءِ .. مَعَ الْمَوْتَى بِقَانُونِ الْمَوْتِ وَعَمِلُوا عَمَلًا وَاحِداً؟

نَقُولُ لَهُ:

إِنَّ الْإِنْسَانَ مِنَّا بِرُوحِهِ حِينَ تَتَّصِلُ بِهِ.. تَتَّصِلُ اتِّصَالَاتٍ مُخْتَلِفَةٍ.. تَتَّصِلُ بِهِ وَهُوَ حَيٌّ.. وَلَكِنْ إِلَى قِسْمَيْنِ..

الْقِسْمُ الْأَوَّلُ: تَتَّصِلُ بِهِ حَالَ الْيَقَظَةِ وَلَهُ قَانُونٌ...

الْقِسْمُ الثَّانِيُّ: تَتَّصِلُ بِهِ حَالَ النَّوْمِ وَلَهَا قَانُونٌ...

وَالْيَقَظَةُ وَالنَّوْمُ هَذَانِ آيَتَانِ يَتَعَرَّضُ لَهُمَا الْأَحْيَاءُ.. دَعْنَا مِنَ الْأَمْرِ الْغَيْبِيِّ الَّذِي فِي الْبَرْزَخِ أَوْ مَا بَعْدَ الْبَعْثِ..

فَنَحْنُ نَتَكَلَّمُ عَلَى الْمَسْأَلَةِ الدَّاخِلَةِ فِي نِطَاقِنَا نَحْنُ.. فَأَنَا لِي حَالَتَانِ وَأَنَا حَيٌّ.. حَالَةُ الْيَقَظَةِ.. وَحَالَةُ النَّوْمِ.. فَلِلرُّوحِ اتِّصَالٌ بِالْجِسْمِ فِي حَالَةِ الْيَقَظَةِ وَلَهَا قَانُونُهَا الْمَعْرُوفُ.. وَلِلرُّوحِ اتِّصَالٌ بِالْجِسْمِ فِي حَالَةِ الْمَنَامِ..

and it has its known law, and the soul is connected to the body in the state of sleep, and it has its known law. When you come to the law of the soul with the body in the state of sleep, is it the law of the soul with the body in the state of wakefulness? No, it is not. Why? It is said because I see in my dream that someone is wearing red clothes and another is wearing green clothes. I see colours even though my eyes are closed. What makes me see colours without any device, knowing that my eyes are closed and I am asleep? Therefore, there is a way of perceiving different from what I have and ways of sensing things different from my own senses. As soon as my matter falls into sleep, the illuminations and manifestations of the soul with the body begin, giving it beautiful meanings. After that time, it has no control, but it has its own law. For example, you see yourself sleeping, frolicking, laughing, and eating with your brothers, and another person sleeping with you on the bed sees himself with people who are hitting, and you do not notice him, and he does not feel you. You are in your world, and he is in his. If you applied this law to the materialities of wakefulness, it would never be realized. Therefore, the truth has been clarified.

Wakefulness has its law, and sleep has its law. The law of the soul in sleep is lighter, purer, and stronger than the law of the soul in wakefulness. If that is with the continuation of life, what if all that matter ended? What would be the law that comes after? It must be purer than the law of sleep. There will be visions, images, and meetings. But who can strip himself of his materiality for his spirituality to be dispersed so that he can meet such beings?

وَلَهَا قَانونُهَا الْمَعْرُوفُ.. فَإِذَا مَا أَتَيْتَ لِقَانُونِ الرُّوحِ مَعَ الْجِسْمِ فِي حَالَةِ الْمَنَامِ.. هَلْ هُوَ قَانُونُ الرُّوحِ مَعَ الْجِسْمِ فِي حَالَةِ الْيَقَظَةِ؟ لَا... لَيْسَ هُوَ.. لِمَاذَا؟ قِيلَ: لِأَنَّنِي أَرَى فِي الْمَنَامِ أَنَ فُلَاناً يَرْتَدِي مَلَابِسَ حَمْرَاءَ.. وَآخَرَ يَرْتَدِي مَلَابِسَ خَضْرَاءَ.. فَأَنَا أَرَى الْأَلْوَانَ وَعَيْنِي مُغْلَقَةٌ.. فَمَا الَّذِي جَعَلَنِي أَرَى الْأَلْوَانَ بِغَيْرِ آلَةٍ.. مَعَ الْعِلْمِ بِأَنَّ عَيْنِي مُغْمَضَةٌ وَأَنَا نَائِمٌ.. إِذاً.. فَهُنَاكَ وَسِيلَةٌ مِنْ وَسَائِلِ الْإِدْرَاكِ غَيْرَ الَّتِي عِنْدِي.. وَوَسَائِلَ مِنْ وَسَائِلِ الْإِحْسَاسِ بِالْأَشْيَاءِ غَيْرَ الْحَوَاسِّ الْخَاصَّةِ بِي.. فَبِمُجَرَّدِ خُلُودِ مَادَّتِي لِلنَّوْمِ.. اِبْتَدَأَتْ لِلرُّوحِ إِشْرَاقَاتُهَا.. وَتَجَلِّيَاتُهَا مَعَ الْجِسْمِ.. تُعْطِي لَهُ مَعَانِي جَمِيلَةً.. وَبَعْدَ ذَلِكَ الزَّمَنِ لَيْسَ لَهُ سَيْطَرَةٌ.. وَلَكِنْ لَهَا قَانُونٌ خَاصٌّ.. تَرَى مَثَلاً أَنَّكَ نَائِمٌ.. وَمَعَكَ إِخْوَتُكَ تَمْرَحُونَ وَتَضْحَكُونَ وَتَأْكُلُونَ الطَّعَامَ.. وَيَرَى وَاحِدٌ آخَرُ نَائِمٌ مَعَكَ عَلَى السَّرِيرِ أَنَّهُ مَعَ قَوْمٍ يَضْرِبُونَ وَأَنْتَ لَا تَشْدُّ بِهِ.. وَهُوَ لَا يَشْعُرُ بِكَ.. فَأَنْتَ فِي عَالَمِكَ.. وَهُوَ فِي عَالَمِهِ.. لَوْ أَتَيْتَ وَطَبَّقْتَ هَذَا الْقَانُونَ فِي مَادِّيَّاتِ الْيَقَظَةِ.. فَلَا يَتَحَقَّقُ أَبَداً.. إِذاً إِنَّ الْحَقِيقَةَ قَدْ تَبَيَّنَتْ..

إِنَّ الْيَقَظَةَ لَهَا قَانُونٌ.. وَالنَّوْمُ قَانُونٌ.. وَقَانُونُ الرُّوحِ فِي النَّوْمِ أَخَفُّ وَأَشَفُّ وَأَقْوَى مِنْ قَانُونِ الرُّوحِ فِي الْيَقَظَةِ.. فَإِذَا كَانَ ذَلِكَ مَعَ بَقَاءِ الْحَيَاةِ.. فَمَا بَالُكَ لَوْ أَنَّ هَذِهِ الْمَادَّةَ كُلَّهَا فَنِيَتْ وَانْتَهَتْ.. مَاذَا يَكُونُ الْقَانُونُ الَّذِي يَأْتِي بَعْدَ ذَلِكَ أَيَكُونُ أَكْثَفُ مِنْ قَانُونِ النَّوْمِ أَمْ أَشَفُّ مِنْ قَانُونِ النَّوْمِ؟ لَا بُدَّ أَنْ يَكُونَ أَشَفُّ مِنْ قَانُونِ النَّوْمِ.. وَتَكُونُ فِيهِ الْمَرَائِي.. وَفِيهِ الصُّوَرُ.. وَفِيهِ الْإِلْتِقَاءَاتُ.. لَكِنْ مَنِ الَّذِي يَسْتَطِيعُ أَنْ

This is what Allah ﷻ did with His Messenger ﷺ. The process [was] more than sleep; He stripped him of his humanity. He made him see things he did not see while awake; he saw them while he was present. Therefore, the Messenger of Allah ﷺ took the two phases. He did not see a vision unless it came like the dawn's break. Therefore, merely the material parting from the Messenger of Allah ﷺ meant he saw the vision clearly. What about if Allah ﷻ had made a change in Muhammad ﷺ as we mentioned before? Does he see or not? With a law purer than the law of sleep or not? Purer than the law of sleep. If that is the law of the Barzakh, what about the law of the connection of the soul with the body in the Hereafter, which will have a connection with another system?

Therefore, we must observe that the soul's connection with the body in the realm of wakefulness, and after that, the soul's connection with the body in the state of sleep, its law is purer and stronger than the law of wakefulness. The soul's connection with the body in the state of the Barzakh, and the soul's connection with the body after resurrection, is the highest connection, the final connection. Therefore, we will be something else entirely. We will eat, and no waste will come from us; we will not age – another life. Therefore, we must observe that each state of the soul's connection with the body has its rules. Its rules with wakefulness are one thing, with sleep another, and after resurrection another thing.

يُجَرِّدَ نَفْسَهُ مِنْ مَادِّيَّتِهِ لِتُفْرِقَ فِيهِ رُوحَانِيَّتَهُ حَتَّى يَلْتَقِي بِمِثْلِ هَؤُلَاءِ... هَذَا مَا فَعَلَهُ اللهُ سُبْحَانَهُ وَتَعَالَى مَعَ رَسُولِهِ ﷺ.. الْعَمَلِيَّةُ الَّتِي أَكْثَرُ مِنَ النَّوْمِ هَذِهِ.. إِنَّهُ جَرَّدَهُ مِنْ بَشَرِيَّتِهِ.. فَجَعَلَ الْأَشْيَاءَ الَّتِي لَمْ يَرَهَا وَهُوَ يَقِظٌ.. يَرَاهَا وَهُوَ مَوْجُودٌ.. وَلِذَلِكَ أَخَذَ رَسُولُ اللهِ ﷺ الْمَرْحَلَتَيْنِ.. كَانَ لَا يَرَى رُؤْيَةً إِلَّا وَجَاءَتْ كَفَلَقِ الصُّبْحِ.. إِذاً.. إِنَّ مُجَرَّدَ خُرُوجِ الْمَادَّةِ مِنْ رَسُولِ اللهِ ﷺ أَنَّهُ يَرَى الرُّؤْيَةَ نَاصِعَةً.. فَمَا بَالُكَ إِذَا كَانَ اللهُ سُبْحَانَهُ وَتَعَالَى قَدْ أَحْدَثَ فِي مُحَمَّدٍ ﷺ تَغْيِيراً كَمَا قُلْنَا سَابِقاً.. فَهَلْ يَرَى أَمْ لَا يَرَى؟ وَبِقَانُونٍ أَشَفَّ مِنْ قَانُونِ النَّوْمِ.. أَمْ غَيْرِ أَشَفَّ مِنْ قَانُونِ النَّوْمِ؟ أَشَفَّ مِنْ قَانُونِ النَّوْمِ.. وَإِذَا كَانَ ذَلِكَ هُوَ الْقَانُونُ الْبَرْزَخِيُّ.. فَمَا بَالُكَ بِقَانُونِ اتِّصَالِ الرُّوحِ بِالْجِسْمِ فِي الْآخِرَةِ سَيَكُونُ لَهَا اتِّصَالٌ بِنِظَامٍ آخَرَ...

إِذاً.. يَجِبُ أَنْ نُلَاحِظَ أَنَّ الرُّوحَ اتِّصَالٌ بِالْجِسْمِ فِي حَيِّزِ الْيَقَظَةِ.. وَبَعْدَ ذَلِكَ لِلرُّوحِ اتِّصَالٌ بِالْجِسْمِ فِي حَالَةِ النَّوْمِ.. وَقَانُونُهَا أَشَفُّ وَأَقْوَى مِنْ قَانُونِ الْيَقَظَةِ.. وَلِلرُّوحِ اتِّصَالٌ بِالْجِسْمِ فِي حَالَةِ الْبَرْزَخِ.. وَلِلرُّوحِ اتِّصَالٌ بِالْجِسْمِ بَعْدَ الْبَعْثِ.. وَذَلِكَ هُوَ الْاِتِّصَالُ الْعُلْوِيُّ.. الْاِتِّصَالُ النِّهَائِيُّ.. وَلِذَلِكَ سَنَكُونُ شَيْئاً آخَراً نِهَائِياً.. نَأْكُلُ.. وَلَا تَخْرُجُ مِنَّا فَضَلَاتٌ.. وَلَا نَشِيبُ.. حَيَاةٌ أُخْرَى.. إِذاً.. يَجِبُ أَنْ نُلَاحِظَ أَنَّ كُلَّ حَالَةٍ فِي اتِّصَالِ الرُّوحِ بِالْجِسْمِ لَهَا قَانُونُهَا.. قَانُونُهَا مَعَ الْيَقَظَةِ شَيْءٌ.. وَمَعَ النَّوْمِ شَيْءٌ.. بَعْدَ الْبَعْثِ شَيْءٌ آخَرُ...

QUESTION

Is there a link between the above and the words of Allah ﷻ: "So We have removed your covering, and sharp is your sight this day"?

ANSWER

Yes, when the humanity of a person exits at the moment of death rattle, reaching the throat, as you witness, Allah ﷻ says, "You were heedless of this, so We have removed your covering, and sharp is your sight this day." Just the exit of humanity at the moment of death rattle allows one to see things never seen before, even though he is still alive and the soul is still within him.

سُؤَالٌ

فَضِيلَةَ الشَّيْخِ.. هَلْ فِيمَا قُلْتَ صِلَةٌ.. وَبَيْنَ قَوْلِ اللهِ سُبْحَانَهُ وَتَعَالَى: ﴿فَكَشَفْنَا عَنكَ غِطَاءَكَ فَبَصَرُكَ الْيَوْمَ حَدِيدٌ ..﴾..

جَوَابٌ

نَعَمْ.. حِينَمَا تَخْرُجُ بَشَرِيَّةُ الْإِنْسَانِ فِي سَاعَةِ الْغَرْغَرَةِ.. حَتَّى إِذَا بَلَغَتِ الرُّوحُ الْحُلْقُومَ.. وَأَنْتُمْ حِينَ تَنْظُرُونَ.. يَقُولُ اللهُ سُبْحَانَهُ وَتَعَالَى: ﴿لَّقَدْ كُنتَ فِي غَفْلَةٍ مِّنْ هَٰذَا فَكَشَفْنَا عَنكَ غِطَاءَكَ فَبَصَرُكَ الْيَوْمَ حَدِيدٌ﴾... مُجَرَّدُ خُرُوجِ بَشَرِيَّتِهِ سَاعَةَ الْغَرْغَرَةِ فَيَرَى الْأَشْيَاءَ الَّتِي لَمْ يَرَهَا وَلَمْ يَكُنْ يَرَاهَا أَبَداً مَعَ أَنَّهُ لَا يَزَالُ حَياً وَلَا زَالَتِ الرُّوحُ فِيهِ...

QUESTION

[This questions concerns] the event of the Isrāʾ and Miʿrāj as manifested on Earth, represented in the stance of Abū Bakr al-Ṣiddīq ﷺ. The community was astonished, and people denied the Messenger of Allah ﷺ. Some of the weak in faith even apostatized. However, Abū Bakr's position was one of remarkable affirmation: "If he said it, then he has spoken the truth. By Allah, I would believe him about even more remote matters than this; I would believe him about the news of the Heavens." This statement gives us a glimpse into the nature of faith from the truly trustworthy (*al-ṣiddīq*).

ANSWER

Here is a matter every believer must place at the pinnacle of their belief. Firstly, the intellect may or may not accept faith in Allah ﷻ. "There is no compulsion in religion" because the matter is that Allah ﷻ does not wish to compel anyone in their religion. If Allah had intended to enforce religion, He would not have said, "Are you going to compel people to believe? If We will, We could send down a sign from the Heaven, and their necks would remain bowed to it." As mentioned, Allah does not want mere conformity; He seeks souls and hearts. Therefore, there is no compulsion in religion, meaning you may enter into faith in Allah ﷻ of your own volition; you may enter or you may not. But once you enter with your intellect into faith in Allah, you must commit. Commitment

سُؤَالٌ

فَضِيلَةَ الشَّيْخِ.. نَشْكُرُكَ عَلَى كَافَّةِ إِجَابَاتِكَ.. وَلَكِنْ قَبْلَ أَنْ نُنْهِيَ اجْتِمَاعَنَا هَذَا.. لَدَيَّ سُؤَالٌ أَخِيرٌ أُحِبُّ أَنْ أَطْرَحَهُ.. وَهُوَ امْتِدَادٌ لِحَدَثِ الْإِسْرَاءِ وَالْمِعْرَاجِ عَلَى الْأَرْضِ مُتَمَثِّلاً فِي مَوْقِفِ أَبِي بَكْرٍ الصِّدِّيقِ رَضِيَ اللهُ عَنْهُ.. وَمَا كَانَ مِنْ أَمْرِ الْمُجْتَمَعِ مِنْ دَهْشَتِهِ الَّتِي أَشَرْنَا إِلَيْهَا.. وَتَكْذِيبِ النَّاسِ رَسُولَ اللهِ ﷺ.. بَلْ رُبَّمَا ارْتِدَادُ بَعْضِ ضِعَافِ الْإِيمَانِ بَيْنَمَا كَانَتِ الصُّورَةُ فِي مَوْقِفِ أَبِي بَكْرٍ كَمَا نَعْرِفُ التَّصْدِيقُ بِالشَّكْلِ الرَّائِعِ الَّذِي نَعْرِفُهُ كُلُّنَا.. «لَئِنْ كَانَ قَالَ.. لَقَدْ صَدَقَ.. فَوَاللهِ أَنِّي لَأُصَدِّقُهُ فِي أَبْعَدِ مِنْ ذَلِكَ.. أُصَدِّقُهُ فِي خَبَرِ السَّمَاءِ».. إِنَّ هَذَا الْقَوْلَ يُعْطِينَا صُورَةً عَنْ نَوْعِ الْإِيمَانِ مِنَ الصَّدِيقِ الصَّدُوقِ.. نُحِبُّ يَا فَضِيلَةَ الشَّيْخِ لَوْ تَفَضَّلْتُمْ أَنْ تَقِفَ هُنَا لِتُجِيبَ عَلَى آخِرِ سُؤَالٍ أَطْرَحُهُ...

جَوَابٌ

هُنَا مَوْضُوعٌ يَجِبُ عَلَى كُلِّ مُؤْمِنٍ أَنْ يَجْعَلَهُ قِمَّةَ اعْتِقَادِهِ.. أَوَّلاً.. الْعَقْلُ حَرْفِيٌّ أَنْ يُقْبَلَ عَلَى الْإِيمَانِ بِاللهِ سُبْحَانَهُ وَتَعَالَى أَوْ لَا يُقْبَلَ.. «وَلَا إِكْرَاهَ فِي الدِّينِ».. لِمَاذَا؟ لِأَنَّ الْمَسْأَلَةَ.. إِنَّ اللهَ سُبْحَانَهُ وَتَعَالَى لَا يُرِيدُ أَنْ يُكْرِهَ إِنْسَاناً عَلَى دِينِهِ.. لِأَنَّهُ لَوْ أَرَادَ اللهُ سُبْحَانَهُ وَتَعَالَى الْإِكْرَاهَ عَلَى الدِّينِ.. لَمَا قَالَ: ﴿أَفَأَنتَ تُكْرِهُ النَّاسَ حَتَّىٰ يَكُونُوا مُؤْمِنِينَ... إِن نَّشَأْ نُنَزِّلْ عَلَيْهِم مِّنَ السَّمَاءِ آيَةً فَظَلَّتْ أَعْنَاقُهُمْ لَهَا خَاضِعِينَ..﴾ .. وَكَمَا قُلْنَا: إِنَّ اللهَ سُبْحَانَهُ وَتَعَالَى لَا يُرِيدُ أَعْنَاقاً وَقَوَالِبَ.. اللهُ سُبْحَانَهُ وَتَعَالَى يُرِيدُ أَرْوَاحاً.. وَيُرِيدُ قُلُوباً..إِذاً.. فَلَا إِكْرَاهَ فِي الدِّينِ.. بِمَعْنَى أَنْ تَدْخُلَ عَلَى الْإِيمَانِ بِاللهِ

means that once you accept a command from Allah ﷻ, you do not debate it with your intellect thereafter. Why? Because the pinnacle, which is faith in Allah, has been debated by the intellect. Once you have logically accepted that there is a God with such attributes, then you must adhere. This is why, when Allah charges His servants, He says, "O you who have believed, prescribed for you …" – implying that those who believe in Him are asked to do So-and-so. He does not impose duties on those who do not believe because such individuals would not heed His words.

Thus, the validity of every divine command is predicated on faith in the One issuing it. Once your intellect is convinced of the existence of God, you say to it, "All your duty in fulfilling Divine Commands is to verify that it is indeed from Allah ﷻ." Once confirmed, you do not challenge it again, or else you would be revisiting the pinnacle of faith. You believed there is a God, then He gives you a directive, and you ask, "Did Allah say this or not?" We affirm, "Allah said it". How do we authenticate that Allah said it? Since Allah ﷻ has indeed spoken it, you must accept it.

Therefore, there is a difference between believing in a command because every person's belief differs. Let us say someone told me to go to Alexandria to meet someone, and I said my health does not permit travel, and he responded that if I do not go today, the person will leave by boat tomorrow and I would miss the opportunity he discussed with me, then I decide to go to Alexandria. Was

سُبْحَانَهُ وَتَعَالَى بِحُرِّيَّتِكَ فَقَدْ تَدْخُلُ.. وَقَدْ لَا تَدْخُلُ.. لَكِنْ إِذَا دَخَلْتَ بِعَقْلِكَ عَلَى الْإِيمَانِ بِاللهِ فَالْتَزِمْ.. وَمَعْنَى الِالْتِزَامُ أَنَّ كُلَّ أَمْرٍ يَصْدُرُ لَكَ مِنَ اللهِ سُبْحَانَهُ وَتَعَالَى لَا تُنَاقِشْهُ بِعَقْلِكَ بَعْدَ ذَلِكَ! قِيلَ: لِمَاذَا؟ قِيلَ: لِأَنَّ الْقِمَّةَ وَهِيَ الْإِيمَانُ بِاللهِ سُبْحَانَهُ وَتَعَالَى نُوقِشَتْ بِالْعَقْلِ.. وَإِنَّ هُنَاكَ إِلَهًا صِفَاتُهُ كَذَا.. وَكَذَا.. وَكَذَا.. فَأَنْتَ الآنَ بَعْدَ أَنْ أَدْرَكْتَ حَرْفِي أَنْ تَدْخُلَ عَلَى هَذِهِ الْقِمَّةِ كَمَا تُحِبُّ أَوْلَا تَدْخُلُ.. لَكِنْ إِذَا مَا دَخَلْتَ وَاقْتَنَعْتَ عَقْلِياً بِأَنَّ هُنَاكَ إِلَهاً وَلَهُ صِفَاتٌ.. كَذَا.. وَكَذَا.. وَكَذَا.. فَالْتَزِمْ.. وَلِذَلِكَ حِينَمَا يُكَلِّفُ اللهُ عِبَادَهُ.. يَقُولُ: ﴿يَا أَيُّهَا الَّذِينَ آمَنُوا كُتِبَ عَلَيْكُمْ﴾... بِمَعْنَى: يَا مَنْ آمَنْتُمْ بِي أَنَا أَطْلُبُ مِنْكُمْ كَذَا وَكَذَا وَكَذَا.. لَا يَطْلُبُ بِتَكْلِيفِ مَنْ لَا يُؤْمِنُ بِهِ.. لِأَنَّ هَذَا الْأَخِيرَ لَنْ يَسْتَمِعَ لِكَلَامِهِ... إِذاً.. إِنَّ حَيْثِيَّةَ كُلِّ حُكْمٍ تَكْلِيفٌ هُوَ الْإِيمَانُ بِالْمُكَلَّفِ.. فَمَا دَامَ عَقْلِي اقْتَنَعَ بِأَنَّ هُنَاكَ إِلَهاً.. فَأَقُولُ لَهُ: يَا عَقْلُ.. كُلُّ عَمَلِكَ فِي التَّكْلِيفِ أَنْ تُوثِقَ التَّكْلِيفَ إِلَى اللهِ سُبْحَانَهُ وَتَعَالَى.. هَلْ قَالَ اللهُ سُبْحَانَهُ وَتَعَالَى هَذَا أَمْ لَمْ يَقُلْهُ؟ وَبَعْدَ مَا يُثْبِتُ أَنَّ اللهَ قَالَ لَا تَطْرَحِ الْمَوْضُوعَ عَلَى عَقْلِكَ مَرَّةً ثَانِيَةً.. وَإِلَّا سَتَكُونُ قَدْ رَاجَعْتَ إِيمَانَ الْقِمَّةِ.. فَأَنْتَ آمَنْتَ بِأَنَّ هُنَاكَ إِلَهاً.. ثُمَّ قَالَ لَكَ تَكْلِيفاً.. فَتَقُولُ: هَلْ قَالَ اللهُ ذَلِكَ أَوْ لَمْ يَقُلْهُ؟ نَقُولُ لَهُ: إِنَّ اللهَ قَالَ: وَكَيْفَ نُوثِقُ لَهُ أَنَّ اللهَ قَالَهُ.. فَمَا دَامَ اللهُ سُبْحَانَهُ وَتَعَالَى قَالَهُ.. فَلَا بُدَّ أَنْ تَأْخُذَهُ...إِذاً.. هُنَاكَ فَرْقٌ بَيْنَ أَنْ تُؤْمِنَ بِالْأَمْرِ.. فَالْإِيمَانُ بِالْأَمْرِ يَخْتَلِفُ فِيهِ كُلُّ النَّاسِ.. الْمَجُوسِيُّ. الْوَثَنِيُّ. الْيَهُودِيُّ. النَّصْرَانِيُّ. وَكُنْتُ مَثَلاً أَقُولُ: إِنَّنِي قَدْ أَتَى إِلَيَّ شَخْصٌ وَقَالَ لِي: أَذْهَبُ إِلَى

my journey based on the command itself or because of the authority behind the command? It was because of the command itself since the authority behind a command holds no place.

But if I instructed another person to travel immediately and he replied, "At your command" and executed my request without disputing it, it becomes apparent.

The first person believed in the command and was intellectually convinced. The second believed in the command even if not intellectually convinced. Regarding the situation of our Master Abū Bakr ﷺ, when they told him that his companion claimed such-and-such, his initial response was, "You are lying about him." Abū Bakr took the statement at face value. After that, he said, "This is a lie and a fabrication." They took this as an opportunity and said to him, "What if he actually speaks of this?" Knowing he had indeed said so, he stated, "If he said it, then he has spoken the truth." Thus, Abū Bakr's debate was not about the matter itself but whether the Messenger of Allah ﷺ had said it. As long as it was said, it must be true, whether my intellect accepts it or not, whether my mind opens to it or not, whether I discern its wisdom or not. That is what is required of a believer – to verify the command as coming from Allah ﷻ or His Messenger ﷺ.

May Allah bless our Master Muhammad, his Family, and his Companions.

ʾĀmīn. Peace.

الْإِسْكَنْدَرِيَّةِ الآنَ لِتُقَابِلَ فُلاناً.. فَيَكُونُ رَدِّي عَلَيْهِ.. إِنَّ صِحَّتِي لَا تَسْمَحُ لِي وَلَا أَسْتَطِيعُ السَّفَرَ.. فَيَقُولُ لِي: إِنْ لَمْ تَذْهَبْ إِلَيْهِ الْيَوْمَ فَسَيُسَافِرُ غَداً عَلَى الْبَاخِرَةِ.. وَقَدْ تُفَوِّتُ الْمَصْلَحَةَ الَّتِي كَلَّمْتَنِي بِهَا.. عِنْدَئِذٍ أُقَرِّرُ أَنْ أَذْهَبَ إِلَى الْإِسْكَنْدَرِيَّةِ.. فَهَلْ ذَهَابِي إِلَى الْإِسْكَنْدَرِيَّةِ كَانَ اقْتِنَاعاً بِأَمْرِ الْأَمْرِ.. أَمْ بِالْأَمْرِ فِي ذَاتِهِ؟ نَعَمْ كَانَ بِالْأَمْرِ فِي ذَاتِهِ.. لِأَنَّ أَمْرَ الْأَمْرِ لَا مَكَانَ لَهُ...وَلَكِنْ.. لَوْ أَمَرْتُ شَخْصاً آخَرَ بِأَنْ يُسَافِرَ فَوْراً.. وَقَالَ لِي: عَلَى الْعَيْنِ ثُمَّ الرَّأْسِ.. وَنَفَّذَ طَلَبِي وَسَافَرَ فَقَضَى الطَّلَبَ بِدُونِ أَنْ يُنَاقِشَنِي فِي الْأَمْرِ.. إِذاً يَتَبَيَّنُ لَنَا..أَنَّ الْأَوَّلَ آمَنَ بِالْأَمْرِ وَاقْتَنَعَ بِهِ عَقْلِياً..وَالثَّانِيُّ: آمَنَ بِالْأَمْرِ وَإِنْ لَمْ يَقْتَنِعْ بِهِ بِالْأَمْرِ الْعَقْلِيِّ...وَهُنَا فِي مَسْأَلَةِ سَيِّدِنَا أَبِي بَكْرٍ رَضِيَ اللهُ عَنْهُ.. لَمَّا حَدَّثُوهُ بِأَنَّ صَاحِبَهُ يَقُولُ لَهُمْ كَذَا.. وَكَذَا.. وَكَذَا.. قَالَ أَوَّلَ الْأَمْرِ.. «أَنْتُمْ تَكْذِبُونَ عَلَيْهِ».. فَكَانَ أَبُو بَكْرٍ رَضِيَ اللهُ عَنْهُ قَبِلَ الْمَوْضُوعِ فِي ذَاتِهِ..وَبَعْدَ ذَلِكَ قَالَ: هَذَا كَذِبٌ وَافْتِرَاءٌ.. فَهُمْ أَخَذُوهَا فُرْصَةً وَقَالُوا لَهُ: «وَإِذَا كَانَ يُحَدِّثُ بِذَلِكَ».. فَعَلِمَ أَنَّهُ قَالَهُ فَقَالَ: «إِنْ كَانَ قَالَ فَقَدْ صَدَقَ»...إِذاً.. إِنَّ مُنَاقَشَةَ أَبِي بَكْرٍ رَضِيَ اللهُ عَنْهُ لَيْسَتْ لِلْأَمْرِ فِي ذَاتِهِ.. وَإِنَّمَا.. هَلْ قَالَهُ رَسُولُ اللهِ ﷺ.. أَمْ لَمْ يَقُلْهُ! فَمَا دَامَ قَالَهُ فَلَا بُدَّ أَنْ يَكُونَ صَدَقَ.. وَقَفَ فِيهِ عَقْلِي أَمْ لَمْ يَقِفْ.. تَفَتَّحَ لَهُ ذِهْنِي أَمْ لَمْ يَفْتَحْ.. اِهْتَدَيْتُ إِلَى حِكْمَتِهِ أَمْ لَمْ أَهْتَدِ.. ذَلِكَ هُوَ مَطْلُوبُ الْمُؤْمِنِ فِي أَنْ يُوَثِّقَ الْأَمْرَ فِي الصُّدُورِ عَنِ اللهِ سُبْحَانَهُ وَتَعَالَى.. أَوْ عَنْ رَسُولِ اللهِ ﷺ..وَصَلَّى اللهُ عَلَى سَيِّدِنَا مُحَمَّدٍ وَعَلَى آلِهِ وَصَحْبِهِ وَسَلَّمَ.. اللَّهُمَّ آمِينُ ... وَالسَّلَامُ.

www.ingramcontent.com/pod-product-compliance
Lightning Source LLC
Chambersburg PA
CBHW032226080426
42735CB00008B/740
* 9 7 8 1 9 6 6 3 2 9 6 6 4 *